Guía para el docente y solucionarios

Fruticultura

Editado por: IC Editorial
c/ Cueva de Viera, 2, Local 3
Centro Negocios CADI
29200 Antequera (Málaga)
Teléfono: 952 70 60 04
Fax: 952 84 55 03
Correo electrónico: iceditorial@iceditorial.com
Internet: www.iceditorial.com

Guía para el docente y solucionarios:
Fruticultura

1ª Edición

ISBN: 979-13-7027-165-7
Depósito Legal: MA 381-2026

Impresión: PODiPrint
Impreso en Andalucía - España

Índice

Bloque 1
Guía para el docente: técnicas de enseñanza y aprendizaje

1. Introducción   7
2. El programa de formación   7
3. Factores determinantes de la efectividad de la comunicación
   en el proceso de enseñanza-aprendizaje   10
4. La comunicación verbal y no verbal en el proceso instructivo   12
5. Técnicas de secuenciación de contenidos   20
6. La selección y planificación de estrategias didácticas   21
7. La selección y planificación de medios y recursos didácticos   22
8. La planificación de la evaluación del proceso de enseñanza-aprendizaje   24
9. El seguimiento formativo   25
10. Instrumentos para el seguimiento   27
11. Metodología de la evaluación del diseño de formación   30

Bloque 2
Solucionarios de ejercicios de repaso y autoevaluación

Solucionario 1
El suelo de cultivo y las condiciones climáticas   47

Solucionario 2
**Preparación del terreno para instalación de infraestructuras y
plantación de frutales**   67

Solucionario 3
Poda e injerto de frutales   87

Solucionario 4
Manejo, riego y abonado del suelo   107

Solucionario 5
Recolección, transporte, almacenamiento y acondicionamiento de la fruta   131

Solucionario 6
Determinación del estado sanitario de las plantas, suelo e instalaciones y elección de los métodos de control   145

Solucionario 7
Aplicación de métodos de control fitosanitarios en plantas, suelo e instalaciones   153

Solucionario 8
Instalaciones, su acondicionamiento, limpieza y desinfección   163

Solucionario 9
Mantenimiento, preparación y manejo de tractores   193

Guía para el docente: técnicas de enseñanza y aprendizaje

Contenido

1. Introducción
2. El programa de formación
3. Factores determinantes de la efectividad de la comunicación en el proceso de enseñanza-aprendizaje
4. La comunicación verbal y no verbal en el proceso instructivo
5. Técnicas de secuenciación de contenidos
6. La selección y planificación de estrategias didácticas
7. La selección y planificación de medios y recursos didácticos
8. La planificación de la evaluación del proceso de enseñanza-aprendizaje
9. El seguimiento formativo
10. Instrumentos para el seguimiento
11. Metodología de la evaluación del diseño de formación

1. Introducción

El presente capítulo está destinado a ofrecer al cuerpo docente responsable de la enseñanza del programa de cualificaciones profesionales y certificados de profesionalidad, una guía metodológica para obtener el máximo rendimiento de los contenidos formativos que han sido desarrollados para el presente título.

La mejora de las habilidades comunicativas y la aplicación de una metodología contrastada de enseñanza, aprendizaje y evaluación permitirá transmitir el conocimiento y adquirir el programa formativo de la forma más efectiva y práctica posible.

Estudiaremos cuáles son los principales elementos que forman parte de la comunicación profesor-alumno, a través de una cuidada selección de sistemas de planificación de estrategias didácticas, así como la utilización de medios y recursos didácticos.

La integración de todas las actividades planificadas alrededor de un plan de formación adaptado e individualizado, aumentará además la satisfacción del alumnado por la utilización de un sistema no lineal e interactivo que se retroalimenta gracias a la relación establecida entre la propia metodología y los actores que forman parte de la enseñanza.

2. El programa de formación

Una de las claves del éxito de la mayoría de las actividades que se realizan en general, y concretamente en la formación, es la **programación.** Es necesaria la programación de las acciones formativas, para que así se pueda alcanzar el objetivo final, es decir, que el alumno obtenga una buena capacitación y adquiera nuevos conocimientos en su repertorio y que, después, sea capaz de emplearlos en su trabajo.

2.1. Definición de programación

Cuando se habla de **programación,** se pueden encontrar multitud de definiciones. Para sintetizar, se podría definir como la actividad de enunciar lo que se quiere hacer (objetivos, contenidos, métodos, temporalización, medios y recursos didácticos y evaluación).

 Definición

Programación
Es un plan donde se establecen las acciones que se van a realizar en un proceso de enseñanza-aprendizaje, por medio de un formador o un equipo.

A continuación, se va a describir una serie de características que tiene que tener una programación didáctica:

- Dinámica. Una programación no es estática ni está acabada, siempre está en constante revisión, de ahí su dinamismo. Además va cambiando o evolucionando según los resultados de la evaluación continua que se va realizando durante la ejecución de la acción.
- Flexible. Esta característica permite que se puedan hacer cambios, ampliaciones, reducciones y actualizaciones de los contenidos y actividades programadas, según las necesidades que se observen.
- Creativa. La programación como es un diseño propio y exclusivo, exige creatividad y originalidad. El docente es el que decide sobre el quehacer en el aula teniendo en cuenta las características del grupo, las necesidades que se pretenden satisfacer y las propias posibilidades.
- Prospectiva. La programación consiste en hacer un pronóstico de la interacción que se va a producir en el aula.

- Sistemática. La programación es un proceso sistematizador que da coherencia a la acción formativa, ya que tiene en cuenta todos los elementos (objetivos, contenidos, métodos, temporalización, medios y recursos pedagógicos y evaluación) que intervienen en el acto educativo y analiza sus relaciones.
- Integradora. Permite integrar elementos de cualificación técnico-profesionales con elementos de cualificación personal de alumnado.
- Funcional. Toda programación debe basarse en el perfil profesional de la ocupación y estructurar los contenidos formativos que proporcionan las competencias de ésta.

2.2. Elementos de la programación

Antes de empezar cualquier programación formativa, es necesario tener en cuenta los datos obtenidos del análisis de la ocupación y del grupo al que se dirige la acción formativa. A partir de esta información, se determinan los elementos que van a conformar la programación.

Cuando se realiza la programación de un curso, hay que plantearse previamente las siguientes preguntas:

1. ¿Qué quiero conseguir con la formación?	**OBJETIVOS**
2. ¿Qué conocimientos deben asimilar los alumnos para alcanzar los objetivos propuestos?	**CONTENIDOS DEL CURSO**
3. ¿Cómo trabajamos en el aula? ¿Qué actividades son las que realizamos?	**MÉTODOS DE ENSEÑANZA**
4. ¿Cuánto tiempo tengo y cuánto dedico a cada módulo?	**TEMPORALIZACIÓN**
5. ¿Qué medios y recursos didácticos se necesitan para poder llevar a cabo esas actividades?	**MEDIOS Y RECURSOS DIDÁCTICOS**
6. ¿Cómo sabemos que se ha producido el aprendizaje?	**EVALUACIÓN**

3. Factores determinantes de la efectividad de la comunicación en el proceso de enseñanza-aprendizaje

En toda comunicación que se produzca en el proceso de enseñanza-aprendizaje, existen factores determinantes que obstaculizan o refuerzan este proceso.

3.1. Obstáculos de la comunicación

Relacionados con el emisor

- No expresar de forma clara qué mensaje se quiere transmitir.
- Comentar algo a lo largo de la explicación que no sea lo correcto y pueda resultar desagradable.
- Cambiar el tema de conversación.
- Desviarse del tema que se está tratando.
- No mirar al receptor cuando se quiere expresar algo.
- No estar atento a las señales que emite el receptor.
- Expresar alguna idea a través de los gestos que no se corresponda con la idea a comunicar.

Relacionados con el receptor

- No comprender las ideas que quiere expresar el emisor.
- No pedir explicación al emisor de aquella información que no le haya quedado clara.
- Interrumpir al emisor cuando está hablando.
- Captar algo diferente a lo que el emisor desea transmitir.

Relacionados con el mensaje

- Mensaje confuso.
- Mensaje muy corto.
- Mensaje muy extenso.
- Abuso de muletillas.
- Utilización de frases sin terminar.
- Dar "rodeos" para decir la idea principal.

Relacionados con el contexto

- No ser el momento adecuado para transmitir algo.
- No saber escoger el lugar oportuno.
- La presencia de ruidos y de interferencias.
- No pensar en las personas que están cerca.

Relacionados con el código

- No utilizar el mismo código que la persona con la que se habla o a la que se escucha.
- No adaptar el vocabulario a la situación o a la persona con la que se conversa.
- Utilizar el doble sentido.

3.2. Sugerencias para el mejor funcionamiento de la comunicación

Emisor

- Acostumbrarse a planificar la comunicación.
- Concretar visiblemente los objetivos.
- Buscar la retroalimentación en la comunicación.
- No tratar de impresionar al receptor.

Mensaje

- Que sea claramente entendido por el receptor.
- Que la terminología usada sea de referencia común.
- Que reclame la atención y el interés del alumnado.
- Que sea sencillo de interpretar.
- Que su contenido sea adecuado y convincente.
- Que produzca el máximo efecto posible.

Canal

- Que sea el más apropiado al grupo al que se dirige, al contenido del mensaje y al objetivo que persigue el formador.
- Que sea el que cause mayor impacto en el receptor.
- Que sea el más eficaz.
- Que sea el que mejor domine el formador.

4. La comunicación verbal y no verbal en el proceso instructivo

Los medios de comunicación pueden agruparse en dos grandes bloques: los **medios verbales,** que son aquellos que usan la lengua como código compartido; y los **medios no verbales,** que son los que se fundamentan en otros códigos simbólicos. A su vez, dentro de los medios verbales, están el medio escrito y el medio oral.

Cada uno de estos medios tiene sus ventajas y sus inconvenientes, por lo que la selección del medio deberá tener en cuenta las circunstancias y características que en cada caso presenta el comunicador, la audiencia y el mensaje que se ha de transmitir.

4.1. Los medios verbales

La comunicación verbal

La comunicación verbal se utiliza para comunicar ideas o dar información, opiniones, expresar o describir sentimientos, etc. Sirve de vehículo a los contenidos explícitos del mensaje. Para garantizar la efectividad de la comunicación, es necesario que el mensaje se presente de forma descriptiva y operativa, pero siempre teniendo muy en cuenta el código común del grupo al que va dirigida esta comunicación.

Un uso correcto del lenguaje oral ayuda a acercarse más a los alumnos. Los principales aspectos a considerar son los que aparecen a continuación.

Construcciones gramaticales

El objetivo será transmitir el mensaje de la manera más clara posible. Se deben evitar los giros rebuscados, la sintaxis complicada y las metáforas. En las explicaciones y conversaciones debe primar el contenido sobre la forma.

Vocabulario

Es importante saber qué palabras van a expresar mejor los conceptos que se desean transmitir y las que pueden ser comprendidas mejor por los alumnos. El análisis previo de los alumnos ayuda a saber qué términos técnicos se pueden utilizar sin problemas, cuáles se tienen que explicar y cuáles se deben evitar.

En general, siempre hay que mantenerse dentro de un lenguaje formal, evitando los vocablos demasiado coloquiales, las palabras extranjeras, las referencias académicas y expresiones de carácter religioso, político, deportivo o cultural, que pueden resultar agresivas para los alumnos.

Ejemplos

Los conceptos abstractos que pueden aparecer y que dificultan la adquisición de los contenidos, tienen que ser expresados mediante las explicaciones del formador, siempre apoyándose en la visualización.

La comunicación escrita

La comunicación escrita posee un carácter más veraz que la oral. La interacción que tiene lugar entre el emisor y el receptor no es inmediata, en algunas ocasiones no llega a producirse jamás. Este tipo de comunicación ofrece más oportunidades expresivas y mayor complejidad gramatical, sintáctica y léxica. También hay que tener en cuenta que a veces dificulta la expresión y/o puede no proporcionar *feedback* de manera inmediata.

4.2. Los medios no verbales

Al igual que las palabras, los elementos de la comunicación no verbal son signos que representan una idea (se excluyen todos los signos lingüísticos).

A diferencia de la comunicación verbal, su función no se centra sólo en la transmisión de contenido, sino que traspasa esa frontera para expresar también las emociones del emisor, controlar la interacción y proporcionar *feedback* del efecto que el mensaje produce en el receptor. Todas estas funciones son muy útiles para el formador, tanto en su tarea de transmisor de conocimientos como en la tarea de motivar y dirigir al grupo.

A continuación, se detallan las diferentes categorías en las que se agrupan los elementos de la comunicación no verbal.

Kinesia

Posturas

Una de las primeras cosas que el formador debe transmitir a sus alumnos es confianza y seguridad, lo que puede conseguirse a través de una postura erguida (sin llegar a ser arrogante), de pie, apoyándose sobre los dos pies y manteniendo la cabeza alta.

Esta postura es útil, especialmente durante la presentación del curso, porque ayuda a relajar el cuerpo, a facilitar la respiración y a controlar las muestras de nerviosismo, al tener un buen apoyo en el suelo.

A medida que avanza el curso, se pueden adoptar otras posturas que faciliten el descanso (apoyarse), el acercamiento (echar el cuerpo hacia delante) o que resten protagonismo (sentarse).

Gestos

Los gestos son un buen aliado del formador, excepto cuando éste se siente incómodo o nervioso. Gestos de carácter adaptador, como rascarse o colocarse la ropa, pueden delatar su estado emocional.

La mayoría de los gestos cumplen la función de reforzar el mensaje verbal (ilustradores), aunque existen otros cuya función es regular las intervenciones cuando se dirige una discusión de grupo.

Expresiones faciales

Las expresiones de la cara transmiten las emociones y permiten obtener fácilmente una respuesta del alumno.

Una expresión facial agradable, como una sonrisa no forzada, facilita la creación de un ambiente relajado en el aula. Una sonrisa puede ser muy útil también para romper la tensión que inevitablemente surge en algunas sesiones.

Mirada

La mirada, junto con la postura, es uno de los mejores métodos para transmitir confianza (en momentos de nerviosismo se tiende a apartar la vista) y para captar la atención de los alumnos.

Mientras el formador habla debe mantener la mirada sobre los alumnos la mayor parte del tiempo, mirándolos el tiempo suficiente como para que se sientan atendidos pero no incómodos. También se puede utilizar la mirada durante las discusiones de grupo, con una función reguladora de las distintas intervenciones.

Desplazamientos

Realizar desplazamientos en el aula capta la atención del alumnado, además de facilitar el contacto visual. Hay que procurar que no sean repetitivos o bruscos (pasear cerca de los alumnos), y cambiar de un recurso a otro (ir de la pizarra al retroproyector), etc.

Recuerde

Los recursos no verbales que estudia la Kinesia son:

I Posturas.
I Gestos.
I Expresiones faciales.
I Mirada.
I Desplazamientos.

Estos recursos pueden utilizarse tanto para reforzar lo que se expresa mediante la comunicación verbal como para sustituirlo.

Proxémica

El aspecto de la proxémica que más interesa es la proximidad física entre los individuos, ya que los alumnos pueden sentirse violentos si el formador se aproxima excesivamente a ellos o, por el contrario, verle distante si no se acerca.

Se debe prestar atención a este aspecto, tanto durante las intervenciones como al distribuir el espacio del aula que se va a emplear, evitando siempre que los asientos estén demasiado juntos o demasiado separados.

Paralingüística

Para captar la atención del público, los oradores suelen hacer uso de determinados aspectos como el tono de voz o las pausas, que en algunos casos pueden parecer exagerados.

El formador, aunque emplee el método de la lección magistral, no es un orador y, por tanto, no debe prestar especial atención a estos aspectos, excepto cuando le plantean algún problema, debido a la ansiedad, al cansancio o a un mal estado de salud. Practicar en voz alta y realizar grabaciones durante la fase de preparación puede ayudar a vencer estas dificultades.

Volumen

Aunque el aula sea pequeña, se tiene que realizar el esfuerzo de hablar lo suficientemente alto para que todos los alumnos oigan las explicaciones y, a la vez, transmitir confianza. En general, el volumen se ajustará instintivamente cuando se compruebe dónde se sitúa la persona que se encuentra más alejada.

Entonación

El problema más frecuente, especialmente si se está cansado, es la monotonía, que no contribuye a captar la atención ni a motivar a los alumnos.

El interés que el formador muestre por el tema y una correcta preparación le hará destacar los puntos clave y jugar con la entonación de una forma adecuada a lo largo de toda la exposición.

Pronunciación

Los problemas se presentan especialmente cuando se está nervioso o se habla demasiado rápido. Se debe hacer un esfuerzo por articular todas las palabras de manera limpia y clara, abriendo la boca lo suficiente para pronunciar correctamente las sílabas, consonantes y vocales.

Velocidad

Una velocidad correcta puede ayudar a resolver problemas de pronunciación y de entonación. Se debe hablar a una velocidad normal o algo superior, para facilitar el mantenimiento de la atención. No obstante, si se está nervioso, se puede hablar con mayor lentitud para facilitar la respiración y relajarse. También se debe reducir la velocidad cuando se expliquen conceptos técnicos complejos o cuando se espere alguna respuesta por parte de los alumnos.

Recuerde

Los elementos que trata la Paralingüística son:

I El volumen.
I La entonación.
I La pronunciación.
I La velocidad.

Proyección física

Existen determinados factores que, sin que la persona diga ni haga nada, transmiten información y hacen referencia a la imagen física que esta persona proyecta.

Es fundamental que el formador transmita una imagen positiva para los alumnos. Se debe cuidar el aspecto externo y los artefactos que se usen, como los adornos y prendas de vestir. La manera adecuada de vestir depende de la situación y siempre debe estar en consonancia con lo que cada colectivo de alumnos espera del formador.

Ejemplo

Sería negativo vestir pieles para impartir un curso cuyo objetivo fuese desarrollar actitudes positivas hacia la protección del medio ambiente.

En cualquier caso, se debe llevar ropa que resulte cómoda, bien cuidada y no demasiado llamativa. A los adornos y al peinado se aplican las mismas reglas que al vestido.

Importante

Un objetivo fundamental del formador es dirigir la atención de los alumnos hacia el contenido que está desarrollando, nunca hacia su persona.

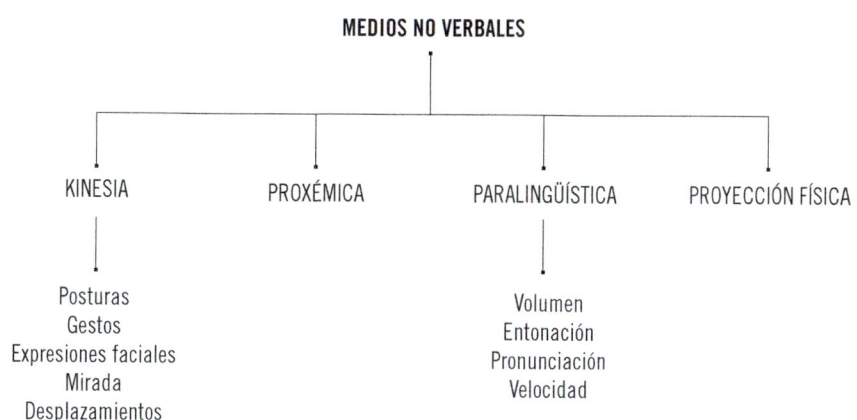

Finalmente, conviene recordar que si el formador observa atentamente la comunicación no verbal que expresan los alumnos, obtendrá una gran cantidad de información.

Hay numerosos signos no verbales que puede mostrar el alumno:

- **Atención:** posturas del cuerpo (inclinado hacia delante, hacia atrás...).
- **Necesidad de hablar:** movimientos sutiles de la boca, de la mano, etc.
- **Irritación:** movimiento de pies, manipulación de objetos sobre la mesa, etc.

- **Concentración:** tomar apuntes, mirar al docente, etc.
- **Cansancio:** cuerpo hundido, suspiros, etc.
- **Inercia:** silencios de todo el grupo, etc.
- **Desinterés:** cerrar el cuaderno, bostezar, mirar al vacío, etc.
- **Sorpresa:** levantar los brazos, abrir la boca, levantar las cejas, abrir los ojos, etc.

Si se observan estos elementos de forma atenta, se podrá obtener información sobre la comprensión del mensaje y el estado emocional de los alumnos, lo que será de gran utilidad para el formador durante el curso.

La comunicación no verbal aporta información al formador sobre los alumnos

5. Técnicas de secuenciación de contenidos

Una vez seleccionados los contenidos, hay que ordenarlos secuencialmente. La **secuenciación y estructuración de los contenidos** es el proceso que permite situarlos en una configuración que produce el máximo aprendizaje en el mínimo tiempo posible.

Algunas de las técnicas para la secuenciación de contenidos son las siguientes:

- Que los contenidos estén de acuerdo con los objetivos propuestos y con los plazos previstos para conseguirlos.

- Empezar por los contenidos más próximos y significativos para el alumno, para llegar poco a poco a lo desconocido. De esta manera, resultará más fácil introducir los nuevos contenidos.
- Ir de lo inmediato a lo remoto.
- Ir de lo concreto a lo abstracto.
- Ir de lo más fácil a lo más difícil. Esto motiva al alumnado porque le va mostrando los avances de manera rápida.

Las principales ventajas que este proceso conlleva son:

- Ayuda al participante a pasar de un conocimiento o habilidad a otro.
- Garantiza que los conocimientos y habilidades previas son alcanzados antes de introducir elementos nuevos.
- Reduce el tiempo de formación.
- Evita la confusión y los fallos en el participante.

Estos puntos son los principales aspectos a tener en cuenta cuando se realiza la presente fase de la programación de la formación, es decir, cuando se fijan los contenidos de la formación.

6. La selección y planificación de estrategias didácticas

Las personas que realizan un curso de formación son diversas, por ello es muy importante que las estrategias didácticas se adapten, de la mejor forma posible, al contexto y permitan una flexibilidad.

 Definición

Estrategias didácticas
Son procedimientos que el formador emplea para facilitar el aprendizaje, con la intención de que éste sea significativo.

Tras la selección y estructuración de contenidos, llega el momento de decidir la modalidad de formación a seguir y la metodología a utilizar en su impartición. Pero esta decisión no se puede tomar arbitrariamente, sino que ha de basarse en unos criterios. Los criterios de decisión básicos para determinar qué estrategia y qué método de formación es el adecuado, son:

- La compatibilidad con los objetivos.
- Los principios generales del aprendizaje del adulto: individualización, motivación, utilidad, practicidad, intereses, etc.
- Los principios de rigor, realismo y participación.
- El carácter eminentemente aplicativo de los aprendizajes.
- La posibilidad de transferir los aprendizajes al puesto de trabajo.
- Los recursos disponibles, incluido el tiempo.
- Los factores relacionados con los participantes, como el estilo de aprendizaje, la edad, el tamaño del grupo, la motivación, etc.

Una vez escogido el método, se observa que ninguno es químicamente puro, sino que unos participan de otros. Por lo demás, todo método puede ser adecuado o inadecuado dependiendo del modo en que sea empleado.

Los formadores deben utilizar los métodos flexiblemente, de la forma que mejor se adapten al estilo de formación, a la materia y a los alumnos, complementando cada método con la técnica y recurso didáctico más acorde.

7. La selección y planificación de medios y recursos didácticos

Para realizar cualquier acción formativa, hace falta algo más que elegir y aplicar unos métodos y unas técnicas. Son necesarios los medios y recursos didácticos, que van a ayudar a desarrollar la metodología seleccionada en el aula. Los medios y recursos didácticos permiten el trasvase de información formador-alumno.

 Definición

Medios didácticos
Son materiales elaborados para facilitar los procesos de enseñanza-aprendizaje.

Recursos didácticos
Son soportes mediante los cuales se presentan los contenidos del curso a los alumnos.

A la hora de escoger el medio o recurso a utilizar, se deben tener en cuenta los siguientes criterios:

- **Características de la materia o tema.** Dependiendo de la naturaleza de los contenidos, éstos pueden ser transmitidos por unos u otros métodos.
- **Los objetivos del curso.** Toda selección de medios y estrategias de enseñanza deben realizarse en función de éstos.
- **La disposición del aula y el número de alumnos.** Hay que tener cuidado, sobre todo en la visibilidad de alguno de los recursos, porque pueden perder eficacia.
- **Tiempo disponible para la formación.** Este elemento tiene que estar siempre presente, porque, en función del tiempo que se tenga, se elegirá lo que se adapte mejor a las necesidades.
- **Recursos disponibles,** ya que en algunas ocasiones están a nuestro alcance.
- **El uso que se haga de ellos,** cuál es la finalidad, qué es lo que se pretende y en qué momento se van a utilizar.
- **El nivel de conocimiento de los alumnos** sobre el tema.

Todos estos puntos se han de tener en cuenta a la hora de escoger un medio o recurso didáctico. La finalidad de éstos no es otra que la de fundamentar, apoyar y reforzar el acto formativo.

8. La planificación de la evaluación del proceso de enseñanza-aprendizaje

La aplicación de programas de formación lleva a la obtención de unos determinados resultados. Éstos serán los frutos de la formación y mostrarán el grado de eficacia y eficiencia con que se lleva a cabo la función formativa.

Los resultados indican el éxito de la formación mediante su contraste con los objetivos fijados anteriormente. Este procedimiento recibe el nombre de **evaluación,** proceso ampliamente conocido y con trascendencia reconocida para la formación. Según el proceso de evaluación aplicado, los resultados obtenidos serán reales y fiables, o bien, falseados.

Para que los resultados de la evaluación muestren con certeza el grado de éxito alcanzado con la formación, es necesario un requisito previo: el establecimiento de criterios de evaluación durante el proceso de planificación de la formación. Los criterios actúan como puntos de referencia, a partir de los cuales se valoran los resultados obtenidos.

Los criterios de evaluación han de fijarse con mucha atención, ya que determinan el proceso de evaluación, y éste juzga el grado de éxito de la función formativa.

El primer aspecto a tener en cuenta es la validez: los criterios de evaluación han de ser válidos en relación a los elementos del proceso formativo.

Los aspectos que determinan el grado de validez de los criterios de evaluación son:

- La relevancia.
- La no deficiencia.
- La no contaminación.
- Su fiabilidad.

El establecimiento de criterios válidos y fiables permitirá elaborar un proceso de evaluación de la formación que mida rigurosamente la eficacia y la eficiencia de la función formativa.

9. El seguimiento formativo

El seguimiento es un proceso continuo que sirve para evaluar la eficacia del uso de los recursos y para saber qué iniciativas se pueden emprender para mejorar el aprovechamiento de los recursos formativos.

El seguimiento, además de realizarse después de haber finalizado la planificación formativa, también se realiza antes de la acción.

9.1. Características

El seguimiento formativo permite evaluar los distintos componentes (desde los alumnos hasta todos los elementos que forman la programación) que intervienen en él durante todo el proceso de formación.

El seguimiento formativo se diferencia de la evaluación en que éste tiene que ver más con tareas organizativas, de coordinación, administrativas, etc.; sin embargo, la evaluación valora aspectos de los procesos de formación, como pueden ser la comunicación, el aprendizaje de los nuevos conocimientos, etc.

Con la realización adecuada de un seguimiento formativo:

- Se pueden **descubrir errores o desajustes** en el proceso de enseñanza-aprendizaje antes de que se realice la evaluación final para comprobarlos.
- Se pueden **corregir los errores** en el momento en el que se están produciendo.
- Además, **se detectan los aspectos positivos** que tienen lugar a lo largo de todo el proceso y las **posibles mejoras** que se pueden realizar.

El seguimiento formativo tiene que ser realizado por todas las personas que están implicadas en la realización de los cursos de formación (tutores, coordinadores, técnicos, etc.), por ello, el formador es una figura importante en el proceso de formación, ya que se encuentra implicado en él.

El proceso de formación debe estar planificado, pensado y planteado antes de que empiece la acción de formación, nunca debe llevarse a cabo de manera cerrada, sino que tiene que estar abierto a cualquier cambio que se considere necesario.

9.2. Finalidad

Son varias las finalidades que persigue el seguimiento formativo:

- Ayudar a comprender por qué ocurren algunas cosas y qué se puede hacer para intervenir en ese proceso que se está llevando a cabo.
- Identificar y solucionar los problemas que surgen a lo largo del proceso.
- Contribuir para elaborar planes de formación de manera objetiva, sin desviarse de la finalidad éste.
- Colaborar en la disminución y control del uso de los recursos materiales.
- Determinar el nivel que puede alcanzar el rendimiento y relacionarlo con el rendimiento actual.
- Diagnosticar y detectar problemas para llevar a cabo las acciones correctivas pertinentes.

9.3. Planificación

El seguimiento formativo debe planificarse antes y durante la acción formativa.

El objetivo de este seguimiento es comprobar la eficacia de la acción formativa antes de que ésta llegue a su fin, es decir, es necesario que durante este proceso todos los elementos que van a formar parte del aprendizaje estén planificados.

Los dos momentos que hay que tener en cuenta para planificar el seguimiento formativo son:

- **Antes de la acción formativa:** es necesario conocer las necesidades, el perfil del alumno, qué materiales, instrumentos, recursos, medios didácticos se van a usar.

- **Durante la acción formativa:** aquí el seguimiento se utiliza para comprobar los posibles errores y mejoras que se pueden llevar a cabo. Ofrece la posibilidad de poder modificar aquellas acciones o medios que dificultan el avance del aprendizaje.

10. Instrumentos para el seguimiento

A lo largo de un ciclo formativo pueden suceder errores y surgir problemas, esto abarca desde la identificación de necesidades hasta la planificación, el diseño, la implantación y la evaluación. Por todo esto, es importante saber cuál es la causa del problema y saber tomar las medidas oportunas para que no se origine nuevamente.

Para detectar el origen del problema, siempre se necesita una información determinada, ésta sólo se puede obtener mediante técnicas que ayuden a obtenerlas, es decir, que permitan recabar y analizar los datos obtenidos.

Para el seguimiento del proceso de enseñanza-aprendizaje, se pueden confeccionar diferentes tipos de instrumentos de evaluación, como pueden ser los cuestionarios y utilizar la observación directa, etc., si el tipo de formación lo permite (presencial o semipresencial). Estos instrumentos variarán según el tipo de datos que se quiera conseguir.

Un ejemplo de plantilla para recoger y analizar la información podría ser esta:

CURSO:		1º Módulo	2º Módulo	3ºMódulo
	Suficiente			
Objetivos del módulo	Insuficiente			
	Adecuado			
	Inadecuado			

Continúa en página siguiente >>

<< Viene de página anterior

CURSO:		1º Módulo	2º Módulo	3ºMódulo
Contenidos del módulo	Suficiente			
	Insuficiente			
	Adecuado			
	Inadecuado			
Metodología	Suficiente			
	Insuficiente			
	Adecuado			
	Inadecuado			
Actividades y recursos	Suficiente			
	Insuficiente			
	Adecuado			
	Inadecuado			
Recursos materiales	Suficiente			
	Insuficiente			
	Adecuado			
	Inadecuado			
Recursos humanos	Suficiente			
	Insuficiente			
	Adecuado			
	Inadecuado			
Proceso de evaluación	Suficiente			
	Insuficiente			
	Adecuado			
	Inadecuado			
Nivel de satisfacción del alumnado	Suficiente			
	Insuficiente			
	Adecuado			
	Inadecuado			

Para el seguimiento del aprendizaje, como la información que se obtiene es de diferente índole, se recogerá mediante la aplicación de las técnicas seleccionadas y elaboradas para la evaluación de cada uno de los aspectos planteados (observación directa de los trabajos, participación, cuestionarios acerca de la motivación y satisfacción del alumnado, etc.).

Por ejemplo, los contenidos que se podrían incluir en la "parrilla" de análisis son los siguientes:

CURSO		1er Módulo	2º Módulo	3er Módulo
Conceptos (comprende los contenidos conceptuales)	Con facilidad			
	Con normalidad			
	Con dificultad			
Procedimientos (aplica y desarrolla los contenidos procedimentales)	Con facilidad			
	Con normalidad			
	Con dificultad			
Actitudes (manifiesta las actitudes adecuadas a los contenidos)	Con facilidad			
	Con normalidad			
	Con dificultad			
Motivación y participación	Con facilidad			
	Con normalidad			
	Con dificultad			
Satisfacción del alumno	Con facilidad			
	Con normalidad			
	Con dificultad			

Dos de las herramientas básicas son:

■ **Los diagramas de flujo:** éstos sirven para desglosar en forma de componentes, para presentar una clara imagen de lo que ocurre.

■ **Los checklists:** éstos son especialmente útiles para garantizar que se han realizado todas las acciones necesarias. Es otro método de ayuda orientado a los formadores y participantes para preparar, utilizar y solucionar los problemas del equipamiento.

Otros métodos de seguimiento y control que pueden ayudar en la formación son:

- Las reuniones formales e informales.
- Pasar un informe de las sesiones, cuestionarios de satisfacción o formularios de evaluación del curso.
- Entrevistas de evaluación.

 **Recuerde**

Algunos de los instrumentos de seguimiento más utilizados son:

❙ Cuestionario de satisfacción
❙ Cuestionario de motivación
❙ Observación directa
❙ Reuniones formales e informales
❙ Entrevistas de evaluación

11. Metodología de la evaluación del diseño de formación

Los métodos empleados en la evaluación siempre suelen son los mismos, independientemente de que se evalúen los objetivos, los contenidos, los recursos, etc. A pesar de esto, hay que tener en cuenta que no se deben utilizar todos los métodos que se van a nombrar, sino que todo dependerá de lo que se esté evaluando.

Los métodos más frecuentes son:

- Observación sistemática.
- Observación mediante observadores externos o internos del grupo.
- Análisis de trabajo.
- Entrevistas personales.
- Situaciones de simulaciones.

- Diálogos, debates.
- Cuestionarios específicos.
- Inventarios.
- Grabaciones en vídeo.
- Etc.

11.1. Evaluación de los objetivos

Cuando se diseña el programa formativo, se deben concretar los objetivos que serán objeto de evaluación al finalizar el curso, para comprobar si éstos se han alcanzado o no.

Los objetivos marcan aquellos aspectos claves que debe adquirir el alumno para alcanzar unas competencias determinadas. Éstos determinarán lo que el alumno será capaz de saber y saber hacer al acabar el curso, en unas condiciones dadas y con unos medios determinados.

Si, al finalizar el curso, se observa que los objetivos no se han cumplido en su totalidad, hay que analizar cuál ha sido la causa de este error y corregirlos. Si se han cumplido los objetivos, habrá que determinar los motivos de éxito, para volver a ponerlos en práctica en futuros cursos.

Los objetivos marcados al inicio de la formación sirven para:

- Dirigir la formación, es decir, saber hacia dónde se quiere llegar con ésta.
- Comprobar qué se ha logrado.
- Facilitar la evaluación, ya que se sabe cuáles son los objetivos que hay que evaluar.
- Reorientar la formación en el mismo momento que se está realizando.
- Elegir los métodos más adecuados para la formación.

La evaluación de los objetivos debe medirse atendiendo a:

- **Objetivos generales:** son utilizados para saber cuáles son las competencias generales.
- **Objetivos específicos:** parten de los objetivos generales.

■ **Objetivos operativos:** son derivados de los específicos. Son objetivos más concretos y siempre deben estar relacionados con actividades u operaciones determinadas. Son los más fáciles de medir.

Ejemplo

Objetivos específicos para evaluar un curso de primeros auxilios:

❙ Aprender los conceptos básicos y generales de los primeros auxilios.
❙ Adquirir las habilidades y aplicar los principios de actuación para poder reaccionar adecuadamente en situaciones de urgencia.
❙ Conocer los aspectos jurídicos relacionados.

11.2. Evaluación de los contenidos

La evaluación de los contenidos se realizará para comprobar si los objetivos que se habían marcado al principio de la formación se han logrado, así como para eliminar aquellos contenidos que no aportan nada al curso.

Se debe tener siempre en cuenta que se puede lograr un mismo objetivo de formación utilizando diversos contenidos.

Para evaluar los contenidos, hay que comprobar si se ha seguido una secuencia lógica a la hora de impartirlos. Esta secuencia permite que los contenidos sean adquiridos por los alumnos de una manera más significativa, es decir, facilita el aprendizaje de los mismos.

Para que la evaluación de los contenidos resulte positiva, éstos deben ir expuestos:

■ De acuerdo con los objetivos propuestos y con los plazos previstos para conseguirlos.
■ De lo conocido a lo desconocido.

- De lo inmediato a lo remoto.
- De lo concreto a lo abstracto.
- De lo fácil a lo difícil.

Otro aspecto a tener en cuenta para que la evaluación de los contenidos sea positiva, es que éstos se deben estructurar adecuadamente, por ejemplo, mediante módulos, unidades didácticas, etc. Éstas tienen que abarcar los conocimientos, las habilidades y las actitudes que capacitan al alumno para poner en práctica las funciones que desempeñará en su puesto de trabajo. Por lo general, se pueden constituir equivalencias entre objetivos generales y cursos, objetivos específicos y módulos, unidades didácticas, etc. así como entre objetivos operativos y sesión formativa,.

 Ejemplo

Siguiendo el ejemplo anterior de primeros auxilios, los contenidos que se evaluarán para comprobar si se han logrado o no los objetivos anteriormente propuestos, son:

I Primeros auxilios: conceptos generales.
I Soporte vital básico (reanimación cardio-pulmonar)-adultos.
I Soporte vital básico-niños.
I Soporte vital instrumental.
I Traumatismos osteoarticulares. Inmovilizaciones (vendajes y férulas improvisadas).
I Movilización de urgencia y posiciones de espera.
I Traumatismos craneales y vertebro-medulares.
I Otras situaciones de emergencia.

11.3. Evaluación de la metodología

La evaluación de la metodología consiste en comprobar que los métodos que se han utilizado son los adecuados para lograr los objetivos formativos, aunque éstos deben ser flexibles a la hora de utilizarlos, ya que deben adaptarse a la materia tratada, a los alumnos, a los recursos disponibles, etc.

Para conseguir que la evaluación de la metodología sea positiva, se deben tener en cuenta las características que se emplean para definir un método. Éstas pueden ser:

- Presentar y mostrar la problemática del tema para que, a través de la reflexión y el esfuerzo, el alumno pueda resolverla.
- Respetar tanto la libertad de expresión como de creación.
- Las actividades que están destinadas al alumno tienen que ser dirigidas por el formador para que el alumno reflexione y participe.
- Motivar al alumno, relacionando los temas con sus intereses, motivaciones y necesidades.
- Organizar los nuevos aprendizajes para que se integren con los ya adquiridos.
- Tener en cuenta las limitaciones y las posibilidades que tiene cada alumno.
- Dar lugar a la acción individualizada a través de tareas que requieran planteamientos y acciones individualizadas.

11.4. Evaluación de actividades y recursos

Las **actividades** son unos elementos que acompañan a los contenidos formativos, ya que éstas refuerzan los contenidos que son expuestos por el formador. Siempre debe existir coordinación entre ambos, para esto se deben seleccionar adecuadamente tanto los métodos como las técnicas.

Para evaluar las diversas actividades que se han desarrollado, hay que formular una serie de preguntas para saber si las actividades han sido eficaces o han fallado en su ejecución. Algunas de estas preguntas pueden ser:

- ¿Qué ha hecho el alumno?
- ¿Ha sabido aplicar los conocimientos necesarios para lograr resolver las actividades?
- ¿Valora y comprende la finalidad de la actividad?
- ¿Ha mostrado interés en la realización de la misma?
- ¿Qué ha aprendido?
- ¿Han sido válidas las actividades?

- ¿Cuáles han fallado? ¿Por qué?
- ¿Se han alcanzado los objetivos?
- Etc.

Junto con las actividades, los recursos también tienen que ser evaluados, ya que de ellos va a depender en cierta manera la eficacia de las actividades. Por eso, en la evaluación de los recursos hay que tener en cuenta la eficacia de aquellos que se han utilizado y cuáles son los que se hubieran necesitado para desarrollar el curso.

Se pueden distinguir varios criterios para evaluar la eficacia de los recursos:

- Su calidad, porque actúa como mediador entre la realidad y la estructura cognitiva del alumno.
- El contexto metodológico, ya que todo va a depender de la metodología usada por el formador.
- Los propios alumnos, sus motivaciones, intereses, etc.
- La experiencia del formador en el manejo de los diversos recursos, sus habilidades, etc.

También es necesario tener en cuenta qué evaluar de los recursos:

- La rentabilidad de éstos.
- El aprovechamiento para distintas finalidades.
- El mantenimiento.
- La actualización, deben adaptarse a las nuevas tecnologías.
- La adecuación al proceso de enseñanza-aprendizaje.
- Posibilitar la acción, estimular y responder a las curiosidades presentes en el alumnado.

11.5. Evaluación del formador

La figura del formador es muy importante a lo largo de todo el proceso formativo, ya que, en cierta manera, el éxito o el fracaso de la formación recae sobre él, por lo tanto, es imprescindible conocer previamente a la persona que va a impartir un curso.

El formador es el mediador entre los contenidos y los alumnos, por lo que debe evaluarse de forma continua y a lo largo de todo el proceso de enseñanza-aprendizaje, así como al final del proceso, momento en que se comprobará si los métodos y estrategias que ha diseñado y utilizado han sido los adecuados, introduciendo posibles modificaciones para las prácticas futuras.

La evaluación del formador se puede realizar desde varias vertientes, en cada una de ellas se evalúan aspectos diferentes, pero todas persiguen el mismo fin, que es fomentar la calidad de la formación.

Evaluación realizada por los alumnos

Los alumnos pueden evaluar aspectos como la relación del formador con los alumnos, la organización de las sesiones, el control de clase, la efectividad de la enseñanza, etc.

En la siguiente tabla se muestra un cuestionario a modo de ejemplo:

Marque la opción que más se adecúe a las características que prevalecieron a lo largo del curso

---

1. Las oportunidades que tuve para realizar preguntas en clase fueron:
   a. Frecuentes
   b. Regulares
   c. Escasas
   d. Muy escasas

---

2. El interés que mostró el formador respecto a los alumnos fue:
   a. Satisfactorio
   b. Regular
   c. Poco
   d. Muy pobre

---

3. El clima existente en el aula fue:
   a. Bueno
   b. Regular
   c. Tenso
   d. Malo

Continúa en página siguiente >>

<< Viene de página anterior

Marque la opción que más se adecúe a las características que prevalecieron a lo largo del curso

4. En la prueba final se evaluaban los contenidos dados a lo largo del curso:
   a. Sí
   b. No

5. El material presentado en el curso fue:
   a. Original
   b. Poco original
   c. Nada original

6. Las actividades que realicé para asimilar los contenidos fueron:
   a. Útiles
   b. Regulares
   c. Pobres
   d. Inútiles

7. El contenido marcado para el curso se expuso en su totalidad:
   a. Sí
   b. No

8. El grupo de alumnos afectó a mi aprendizaje:
   a. De manera positiva
   b. De manera negativa
   c. No me afectó

9. El material audiovisual me pareció:
   a. Atractivo
   b. Regular
   c. Inadecuado

10. Los procesos, problemas y soluciones experimentados en el trabajo en grupo fueron:
    a. Bien planteados
    b. Regular planteados
    c. Mal planteados

11. Las exposiciones por parte del docente me parecieron:
    a. Buenas
    b. Regulares
    c. Malas

Continúa en página siguiente >>

<< Viene de página anterior

Marque la opción que más se adecúe a las características que prevalecieron a lo largo del curso

12. La actuación del profesor durante el curso evidenció:
   a. Un elevado conocimiento de la materia
   b. Un mediano conocimiento
   c. Un escaso conocimiento

---

13. El profesor supo controlar las conductas perturbadoras sucedidas a lo largo del curso de forma:
   a. Eficaz
   b. Regular
   c. Ineficaz

---

14. El ritmo que siguió el profesor al exponer los contenidos me pareció:
   a. Muy bueno
   b. Satisfactorio
   c. Monótono

---

15. La secuencia de presentación de los contenidos del curso fue:
   a. Lógica
   b. Regular
   c. Arbitraria

---

16. La actuación del profesor despertó interés y motivación:
   a. Muchas veces
   b. Algunas veces
   c. Pocas veces
   d. Ninguna vez

Evaluación realizada por el propio formador

En esta evaluación, el formador va a evaluar la preparación del curso, el desarrollo del mismo, y también realizará una evaluación propia de su actuación como formador.

En la siguiente tabla se muestra un cuestionario a modo de ejemplo:

Marque la opción que más se adecúe a las características que prevalecieron a lo largo del curso

A. PREPARACIÓN DEL CURSO

1. ¿Cómo ha sido el tiempo con el que ha contado?
   a. Suficiente
   b. Insuficiente

¿Por qué? _____

2. ¿Cómo considera la distribución de las sesiones del curso?
   a. Adecuadas
   b. Inadecuadas

¿Por qué? _____

3. ¿Ha dispuesto de las guías didácticas del curso?
   a. Sí
   b. No

¿Por qué? _____

4. ¿Ha dispuesto de los recursos necesarios para la preparación de sus sesiones?
   a. Sí
   b. No

¿Cuáles le han hecho falta? _____

5. Teniendo en cuenta su nivel de formación, ¿ha necesitado apoyo por parte de la dirección del curso?
   a. Sí
   b. No

¿Cómo ha sido el apoyo? _____

B. DESARROLLO DEL CURSO

6. ¿El desarrollo de las sesiones (distribución y tiempo) se ha correspondido con la planificación prevista?
   a. Sí
   b. No

7. ¿La metodología utilizada para el desarrollo de las sesiones ha propiciado la participación e implicación del alumnado?
   a. Sí
   b. No

¿Por qué? _____

Continúa en página siguiente >>

<< Viene de página anterior

Marque la opción que más se adecúe a las características que prevalecieron a lo largo de curso

---

8. ¿Considera que el clima del curso ha sido el adecuado?
   a. Sí
   b. No

¿Por qué? _____

9. ¿El contexto donde se ha desarrollado el curso ha sido adecuado y oportuno?
   a. Sí
   b. No

¿Por qué? _____

10. ¿Ha conseguido los objetivos propuestos?
   a. Sí
   b. No

¿Por qué? _____

C. AUTOEVALUACIÓN

---

11. Evalúe de 1 a 4 los siguientes apartados relacionados con su intervención como formador, donde:

   1. Considero imprescindible mejorar mi formación en este aspecto.
   2. Considero necesario mejorar mi formación en este aspecto.
   3. Cuento con recursos necesarios para el desarrollo ajustado del curso, pero podría encontrar dificultades si éste cambia el rumbo prefijado.
   4. Mi formación al respecto es adecuada y dispongo de recursos suficientes para el desarrollo óptimo del curso.

	1	2	3	4
Dominio de los contenidos				
Metodología/didáctica empleada				
Comunicación con el alumnado				
Trabajo en equipo				

D. AMPLIACIÓN

Puede anotar a continuación cualquier aportación que desee realizar y no haya sido considerada en este cuestionario.

_____

_____

11.6. Tipos de evaluación

Existen diferentes tipos de evaluación, cada una se aplicará atendiendo a diferentes criterios.

Según su finalidad o función de la evaluación

Diagnóstica

Esta evaluación, como su nombre indica, tiene un carácter diagnóstico, ya que permite que se conozcan las potencialidades del alumno. De esta manera, la actividad didáctica se dirige de forma más efectiva.

Formativa

Se utiliza como estrategia para mejorar y ajustar los procesos formativos en el momento que se están llevando a cabo, para alcanzar las metas y los objetivos marcados. La evaluación formativa es aplicable a la evaluación de procesos.

Sumativa

Se aplica a la evaluación de productos terminados, es decir, se sitúa concretamente cuando finaliza un proceso, cuando éste se considera acabado. Su propósito es determinar el grado en que se han conseguido los objetivos establecidos, para evaluar de forma positiva o negativa el resultado. Esta evaluación permite tomar medidas tanto a medio como a largo plazo.

Según el momento de aplicación de la evaluación

Inicial

Se produce al principio del proceso de enseñanza-aprendizaje. La función que tiene la evaluación inicial es identificar el nivel de conocimientos que tienen los alumnos que inician un curso y, de esta manera, comprobar si los alumnos cuentan con los conocimientos necesarios para comenzarlo, y determinar si es posible impartirlo de acuerdo al programa formativo o si se requiere alguna modificación.

Procesual

La evaluación procesual se basa en valorar, de forma continua, el aprendizaje de los alumnos y la enseñanza del profesor, a través de la recogida sistemática de datos, toma de decisiones, etc.

La evaluación procesual es totalmente formativa, ya que, al favorecer la recogida continua de datos, permite tomar decisiones en el mismo momento que se considere necesario.

Los resultados que se obtienen forman la base permanente para el formador a la hora de programar las actividades diarias, así como para establecer las actividades y los procedimientos más apropiados. De esta manera, se evitan las dificultades que se puedan producir en los aprendizajes que se están llevando a cabo. La finalidad de todo esto es evitar errores y vacíos en los aprendizajes posteriores.

Final

La evaluación final es aquella que se realiza al finalizar la formación, por lo tanto ésta recoge y valora los resultados obtenidos a lo largo de un periodo formativo.

Según su extensión

Global

Tiene en cuenta todos los elementos y procesos que guardan relación con todo lo que es objeto de evaluación. Por ejemplo, si se trata de evaluar el proceso de aprendizaje de los alumnos, esta evaluación se centra en todas las áreas en general, pero sobre todo en los diversos tipos de contenidos de enseñanza (conceptos, procedimientos, valores, normas, etc.).

Parcial

Esta evaluación no se realiza de manera global, sino que se lleva a cabo por partes, es decir, evalúa los componentes que más interesan.

Según los agentes que realizan la evaluación

Autoevaluación o evaluación interna

Es el proceso sistemático mediante el cual una persona o grupo examina y valora sus procedimientos, comportamientos y resultados, para identificar qué quiere corregir o modificar en él. La evaluación interna muestra que los alumnos están más motivados a la hora de realizar una tarea difícil. La puesta en práctica de la autoevaluación no conlleva que el profesorado abandone sus funciones, sino que implica una concepción diferente de la enseñanza.

La autoevaluación ofrece al estudiante ayuda para descubrir sus necesidades, cantidad y calidad de su aprendizaje, causas de sus problemas, dificultades y éxitos en el estudio. De esta manera, el alumno puede conocerse de manera más concreta.

Heteroevaluación o evaluación externa

La evaluación externa es realizada o llevada a cabo por otra persona que no es el protagonista del aprendizaje. En esta evaluación, lo más frecuente es que el profesor evalúe al alumno.

TIPOS DE EVALUACIÓN	
Según su finalidad o función	- Diagnóstica - Formativa - Sumativa

Continúa en página siguiente >>

<< Viene de página anterior

TIPOS DE EVALUACIÓN

Según su momento de aplicación	- Inicial - Procesual - Final
Según su extensión	- Global - Parcial
Según los agentes que la realizan	- Autoevaluación o evaluación interna - Heteroevaluación o evaluación externa

Bloque 2

Solucionarios de ejercicios de repaso y autoevaluación

Contenido

1. El suelo de cultivo y las condiciones climáticas
2. Preparación del terreno para instalación de infraestructuras y plantación de frutales
3. Poda e injerto de frutales
4. Manejo, riego y abonado del suelo
5. Recolección, transporte, almacenamiento y acondicionamiento de la fruta
6. Determinación del estado sanitario de las plantas, suelo e instalaciones y elección de los métodos de control
7. Aplicación de métodos de control fitosanitarios en plantas, suelo e instalaciones
8. Instalaciones, su acondicionamiento, limpieza y desinfección
9. Mantenimiento, preparación y manejo de tractores

Solucionario 1
El suelo de cultivo y las condiciones climáticas

Solucionario Capítulo 1

1. Las partículas minerales que forman el suelo son:

   a. Arena, limo y arcilla.
   b. **Arena, limo, arcilla, gravas y piedras.**
   c. Los compuestos orgánicos e inorgánicos.

2. Se recibe un análisis granulométrico de un suelo de Cádiz con la siguiente composición: 30 % de arcilla, 40 % de arena y 30 % de limo. Determine la textura del suelo.

Triángulo de la textura

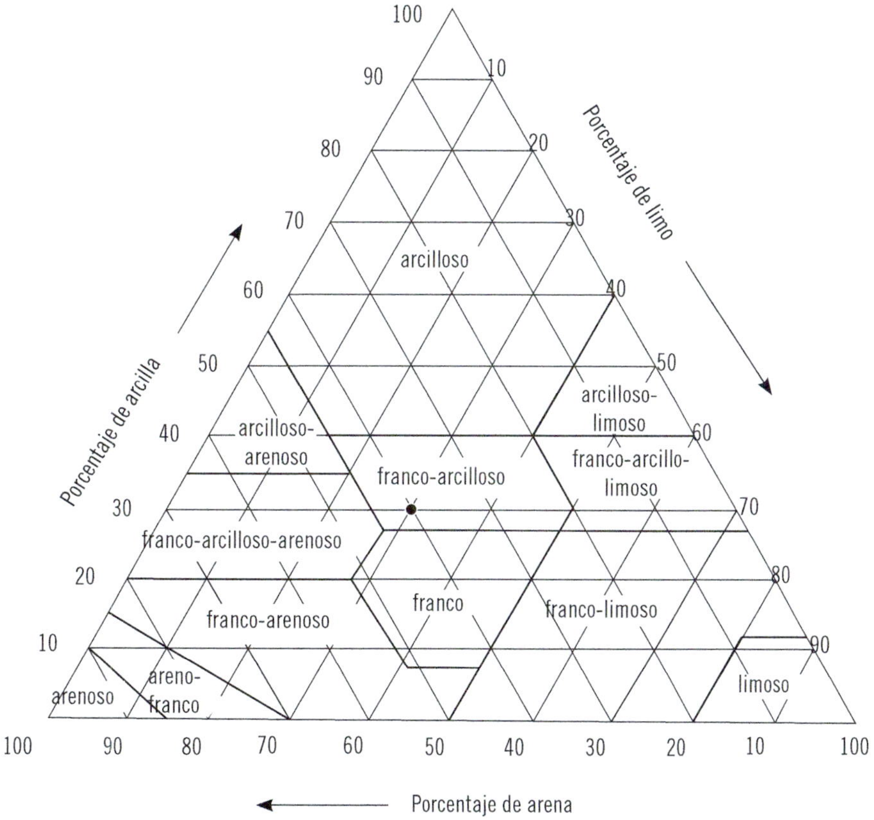

3. **Un suelo bien estructurado posee...**

    a. ... poco resistente a la erosión.
    b. **... mayor espacio de poros.**
    c. ... alta compactación.

4. **Indique si son verdaderas o falsas las siguientes afirmaciones:**

    a. La materia orgánica proporciona energía y nutrientes para la flora y la fauna del suelo.

        ☑ **Verdadero**
        ☐ Falso

    b. La materia orgánica aumenta la resistencia del suelo a la penetración de las raíces.

        ☐ Verdadero
        ☑ **Falso**

    c. La materia orgánica forma compuestos órgano-minerales que favorecen la absorción de minerales.

        ☑ **Verdadero**
        ☐ Falso

5. **Para recuperar un suelo sódico se debe...**

    a. **... realizar una enmienda y luego hacer un lavado de suelo.**
    b. ... eliminar la concentración de sales mediante el lavado.
    c. ... hacer un lavado de suelo y luego aplicar una enmienda.

6. **Si se realiza un tratamiento con nitrato para aumentar el rendimiento de la cosecha y se aplica una dosis muy superior, puede...**

    a. ... no suceder nada, porque cuanto más se aplique, mejor será la producción.
    b. **... contaminarse el acuífero subterráneo.**
    c. ... acabar con las malas hierbas de la parcela.

7. La conservación de un suelo se considera como...

    a. ... la preocupación por recuperar el suelo.
    b. ... la explotación de un terreno para obtener cosechas.
    c. ... la preocupación de un agricultor por el terreno que trabaja, manteniendo sus propiedades físicas, químicas y biológicas.

8. En terrenos con mucha pendiente se cultiva en terrazas para...

    a. ... reducir la velocidad del agua, evitando la pérdida de suelo.
    b. ... reducir la velocidad del aire, evitando la pérdida de suelo.
    c. ... aumentar la materia orgánica del suelo.

9. La técnica para mantener el suelo mediante una siembra de cultivo en las calles de la parcela se denomina...

    a. ... cultivo con suelo desnudo.
    b. ... cultivo con cubierta.
    c. ... cultivo con suelo verde.

10. La ventaja del no laboreo o mínimo laboreo es que...

    a. ... aumenta el control de malas hierbas con productos químicos.
    b. ... disminuye la aireación del suelo.
    c. ... disminuye el riesgo de erosión.

Solucionario Capítulo 2

1. **La toma de muestras en el análisis de suelo se debe realizar...**

   a. ... de forma aleatoria, para que sean más representativo los datos de la parcela.
   b. **... de forma que represente una superficie de características uniformes.**
   c. ... cogiendo muestras de los bordes de la parcela y zonas cercanas a arroyos, para evitar errores.

2. **Se realiza una enmienda orgánica para...**

   a. ... aumentar los nutrientes, reponer pérdidas.
   b. ... crear reservas de nutrientes.
   c. **Todas las opciones son correctas.**

3. **Complete el siguiente párrafo:**

   El **estiercol** está formado por una mezcla de excrementos sólidos y líquidos con restos vegetales. El **estiércol semiseco** es aquel que emite mucho calor y disminuye su volumen; siendo el **estiércol maduro** el que se ha descompuesto totalmente por la acción de los microorganismos.

4. **Los abonos formados por mezclas de elementos básicos se denominan...**

   a. **... abonos compuestos.**
   b. ... abonos polinutrientes.
   c. ... abonos complejos.

5. **Generalmente, el abonado de fondo se realiza...**

   a. ... cuando la plantación está desarrollada, abonando con nitrógeno.
   b. **... antes de la plantación, abonando con fósforo y potasio.**
   c. ... cuando la plantación está desarrollada, abonando con fósforo y potasio.

6. **Indique si las siguientes afirmaciones son verdaderas o falsa:**

  a. Los abonos muy solubles, como los fosforados, son móviles en el suelo y se aplican en cobertera.

   ☐ Verdadero
   ☑ **Falso**

  b. Hay que tener cuidado en los abonados nitrogenados, ya que pueden lixiviarse y contaminar acuíferos subterráneos.

   ☑ **Verdadero**
   ☐ Falso

  c. Si se aplica mucha cantidad de un elemento conlleva un mayor rendimiento en la producción.

   ☐ Verdadero
   ☑ **Falso**

  d. El aumento de metales pesados en el suelo se debe a aportaciones de estiércol de aves.

   ☑ **Verdadero**
   ☐ Falso

7. **Los efectos beneficiosos que produce el abonado verde son:**

  a. Impide la lixiviación del calcio.
  b. Mejora el crecimiento de malas hierbas en la parcela.
  c. **Estimula la actividad biológica.**

8. **La formulación del nitrato potásico es 13-0-44. Indique la riqueza de cada elemento y la total del fertilizante.**

   13 % de nitrógeno, 0 % de fósforo y 44 % de potasio
   Total = 13 + 0 + 44 = 57 %

9. Los elementos secundarios son aquellos que...

    a. ... la planta requiere en menor cantidad.
    b. ... la planta necesita en grandes cantidades y se obtienen generalmente del abonado.
    c. ... la planta necesita en grandes cantidades y se obtiene generalmente del suelo.

10. Para saber si la mezcla de abonos es correcta hay que seguir la recomendación:

    a. No mezclar abonos amoniacales.
    b. Mezclar siempre abonos cálcicos con formas solubles del fósforo.
    c. Realizar las mezclas de abonos higroscópicos con antelación al tratamiento, para ahorrar agua.

Solucionario Capítulo 3

1. **Complete el siguiente párrafo:**

   La meteorología es la ciencia que estudia la atmósfera desde la superficie hasta las capas **altas**. Sin embargo, la ciencia que estudia solo las capas atmosféricas **bajas** es la climatología.

2. **La presión atmosférica se define como...**

   a. **... el peso de una columna de aire cuya base es 1 cm².**
   b. ... la atmósfera al completo.
   c. ... el peso de una columna de aire, siendo indiferente la superficie de referencia.

3. **El pluviómetro es un instrumento que sirve para...**

   a. ... medir la presión.
   b. ... conocer el clima de la zona.
   c. **... medir la cantidad de precipitaciones.**

4. **Las bajas temperaturas causan daños en las plantas...**

   a. Siempre que la temperatura es inferior a 0 °C.
   b. **Cuando llega a una temperatura a la que la planta es sensible.**
   c. Siempre que la temperatura sea inferior a 5 °C.

5. **Gracias a las predicciones del tiempo, adaptadas a la agricultura, se puede establecer el momento adecuado para...**

   a. ... la época de siembra.
   b. ... tratamiento contra plagas.
   c. **Todas las opciones son correctas.**

6. Para la brotación de las yemas florales en plantas de día corto se necesita...

    a. **... una duración del día corto, entre 8 y 10 h.**
    b. ... una duración indiferente del día, siempre que se acumulen las horas de frío necesarias.
    c. ... una duración del día de muchas horas y que la noche sea larga, de 10 a 12 h.

7. Entre los mecanismos de defensa contra heladas está...

    a. ... el lanzamiento de partículas.
    b. **... los humos y nieblas artificiales.**
    c. ... el sombreado.

8. Las ventajas de la implantación de setos naturales como cortavientos son:

    a. Reducción de la superficie de plantación.
    b. Reduce la iluminación de la parcela.
    c. **Reduce las pérdidas en floración y polinización.**

9. Al instalar una estación meteorológica en la parcelas, ¿cuáles son las condiciones básicas a tener en cuenta?

    a. Situarse en un lugar representativo de la finca y no se vean alterados los valores por la vegetación existente.
    b. Que los instrumentos aporten medidas fiables.
    c. **Que sea fácil realizar las lecturas de los instrumentos**

10. Interprete el siguiente mapa meteorológico:

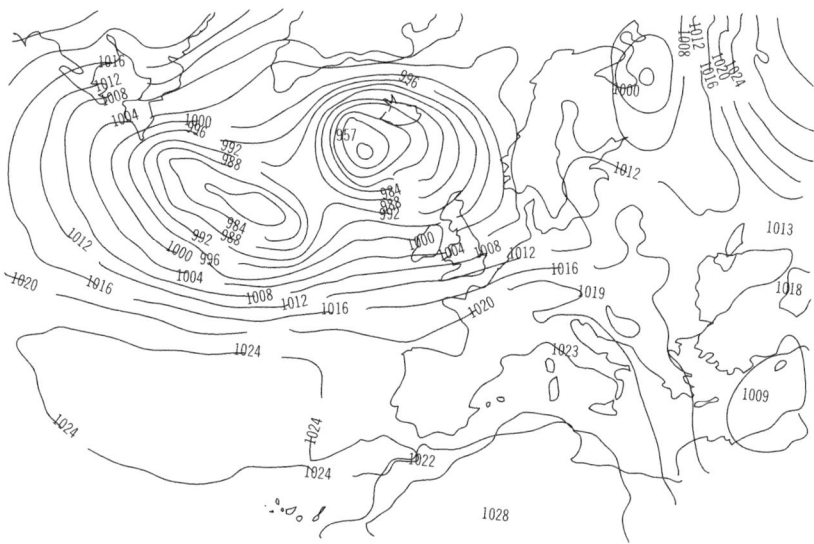

Indique dónde está el anticiclón y su presión atmosférica.

El anticiclón se encuentra en el océano Atlántico, en el oeste de España y en el norte de África. La presión atmosférica es de 1028.

Indique dónde está la borrasca y su presión atmosférica.

Las borrascas se encuentran en el océano Atlántico, cerca del Reino Unido. La presión atmosférica es de 957.

¿Qué tiempo hará en España? ¿Y en Irlanda?

En España existe una situación de anticiclón, y esto significa que el tiempo será estable y sin vientos. En cambio, en Irlanda se acerca una borrasca por el oeste y tendrá un tiempo inestable, con mucho viento (debido a que las isobaras están muy próximas) y hay muchas posibilidades de que se produzcan lluvias.

Solucionario Capítulo 4

1. **Complete el siguiente párrafo:**

El agua se encuentra en ríos, mares, lagos, océanos, etc; formando las aguas que se encuentran en la superficie terrestre, con el calor del sol se **evapora** y pasa a estado gaseoso, formando parte de **la atmósfera y nubes.**

Cuando se encuentra en estado gaseoso, vuelve a caer a la superficie de terrestre en forma de gota de agua o nieve, cuando se produce un **enfriamiento.**

2. **El agua disponible para la agricultura, respecto al total de agua dulce, representa el...**

    a. ... 3 % del agua total.
    b. ... 80 % del agua dulce.
    c. ... 3 % del agua dulce.

3. **Según la cantidad de agua que retiene un suelo, se denomina capacidad de campo cuando...**

    a. ... se ha regado el campo y ya no admite más agua.
    b. ... el suelo tiene agua, pero no está disponible para la planta.
    c. ... ha drenado el suelo y queda el agua retenida en los poros.

4. **¿Cuál será el movimiento del agua en un suelo que se acaba de regar?**

    a. Se desplazará hacia las capas inferiores.
    b. No se mueve, porque se sitúa en los poros.
    c. Se desplaza de la zona con menos concentración de sales a la que tiene más.

5. Indique lo que no se debe hacer a la hora de tomar un muestra de agua para su análisis:

    a. Utilizar un recipiente de plástico o vidrio.
    b. Eliminar las partículas en suspensión.
    c. Guardar la muestra en el coche, para que no se olvide llevar al laboratorio.

6. ¿Qué factores influyen en la conductividad eléctrica?

    a. Temperatura.
    b. Concentración de sales.
    c. Ambas opciones son correctas.

7. Para comprobar si el análisis está bien realizado...

    a. ... la suma de cationes y aniones tiene que ser igual.
    b. ... los iones calcio y cloro tiene que tener del mismo valor.
    c. Siempre está bien, porque lo hacen en un laboratorio.

8. Si se riega un suelo ácido con un agua que contrarresta la acidez, ¿qué tipo de agua será la empleada?

    a. Agua ácida.
    b. Agua básica.
    c. Agua neutra.

9. Indique cuál es la clasificación de un agua si se conocen los datos de la CE y SAR.

   a. SAR = 15 meq/l
   b. CE = 3125 mmhos/cm

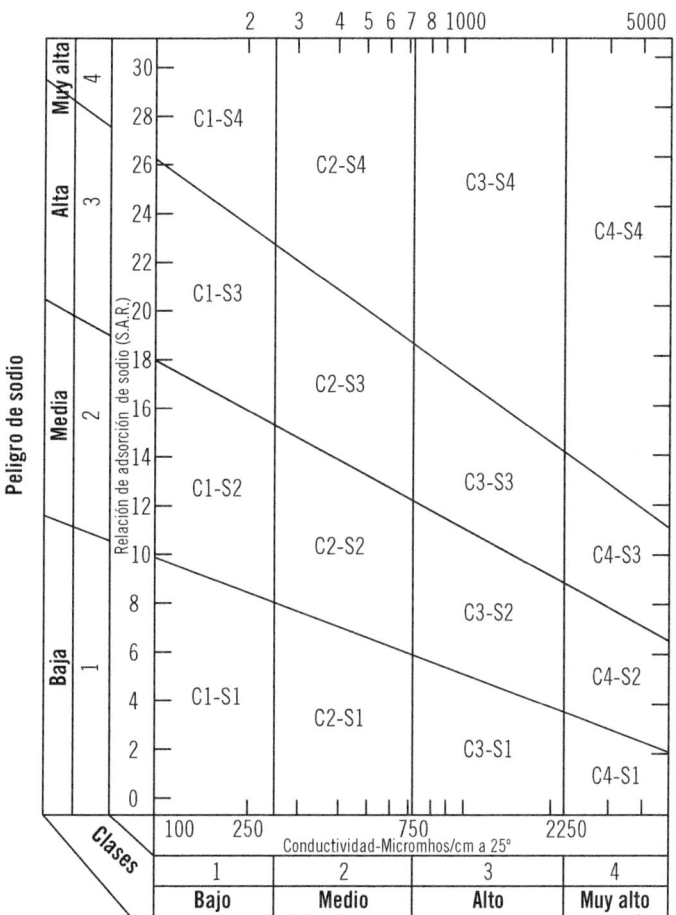

Peligro de salinización

SOLUCIÓN

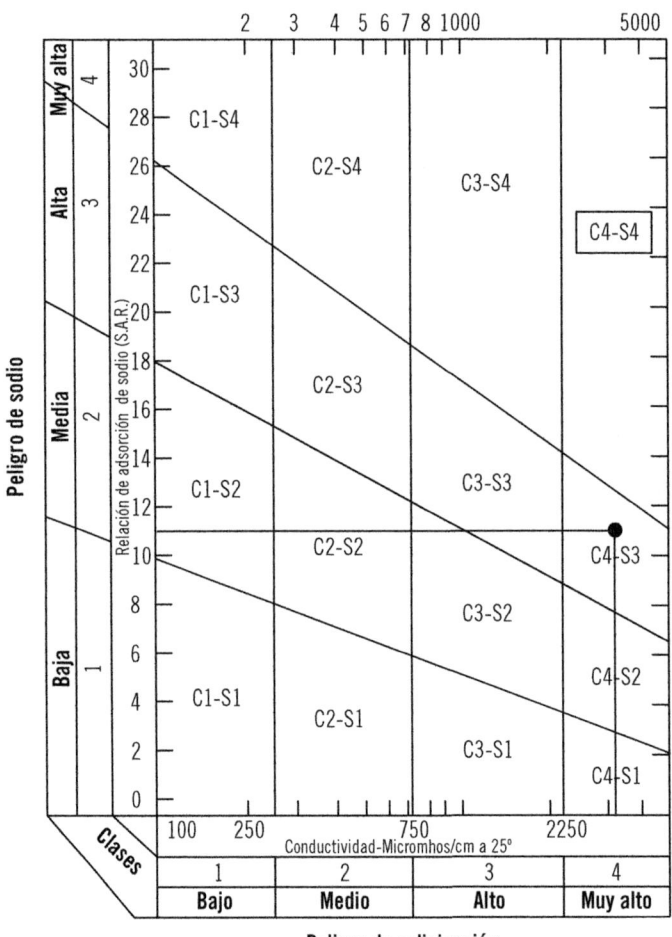

El agua de riego se clasifica C4-S4, esto significa que no es apta para el riego.

10. Cuando se riega con un agua salina, ¿qué factores influyen en el daño que le puede producir a la planta?

     a. Fenología de la planta.
     b. Variedad del cultivo.
     c. Velocidad del viento.
     d. Todas las respuestas anteriores son correctas.
     e. Las opciones a y b son correctas.

Solucionario 2

| Preparación del terreno para la instalación de infraestructuras y plantación de frutales

Solucionario Capítulo 1

1. Busque seis nombres de aperos en la siguiente sopa de letras.

E	S	B	A	V	I	N	O	D	F
C	U	L	T	I	V	A	D	O	R
R	B	A	R	B	E	T	I	N	E
I	S	M	A	R	R	U	F	E	S
M	O	G	U	O	T	I	E	Y	A
A	L	I	C	C	E	D	C	A	D
X	A	Z	A	U	D	A	H	T	O
O	D	I	P	L	E	S	I	O	R
N	O	R	A	T	R	O	S	E	A
U	R	A	M	O	A	T	E	L	P
S	E	M	I	R	R	O	L	O	S

2. Complete la siguiente oración.

Las labores profundas de preparación del suelo para una posterior plantación de árboles frutales tienen como objetivo **romper** las capas del subsuelo compactadas que puedan limitar la **exploración** y el crecimiento de las raíces. De esta manera se favorece la infiltración del agua (reserva de agua), su **drenaje** y los intercambios gaseosos en la zona radicular.

3. Complete la siguiente oración.

Las labores superficiales de preparación del suelo para la plantación de los frutales, complementan la acción de las labores **profundas,** aunque en años posteriores normalmente son las únicas que se realizan entre las calles de frutales. Esta labor alcanza alrededor de los **15** cm de profundidad y entre sus finalidades se encuentran la fragmentación de los terrones originados por la labor **primaria,** descompactación, aireación del terreno, **control** de las malas hierbas e incluso la incorporación y **mezcla** del abono con el suelo.

4. Clasifique los siguientes aperos en función del tipo de labor: profunda o superficial: subsolador, grada de púas, chisel, vibrocultor, grada de discos, arado de vertedera, cultivador, arado de discos, grada rodante y rotocultor.

▌ Labores profundas:

- Subsolador
- Arado de vertedera
- Chisel
- Arado de discos
- Grada de discos

▌ Labores superficiales

- Cultivador
- Vibrocultor
- Grada de púas
- Grada rodante
- Rotocultor

5. Dibuje esquemáticamente el sistema de drenaje en "espina de pescado".

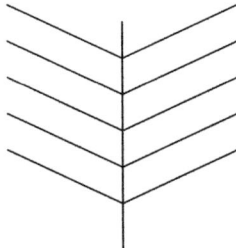

6. Enumere dos ventajas y dos inconvenientes de los drenajes superficiales.

▪ Ventajas:

- Coste de ejecución bajo.
- Detección temprana de obstrucciones.
- Evacúa grandes volúmenes de agua.

▪ Inconvenientes:

- Obstaculiza labores de cultivo.
- Pérdida de superficie cultivable.
- Limita el uso de maquinaria.

7. Exponga al menos dos motivos por los que se justifique la implantación de cortavientos en una explotación.

La protección de la plantación frente al viento está sumamente justificada por los daños, tanto físicos como fisiológicos que produce. Dentro de los daños físicos lo más usual es la rotura de ramas, caída de hojas, flores y frutos, etc., que causan pérdida de cosecha, inclina los árboles en la dirección de los vientos dominantes y, por otro lado, dificulta determinadas operaciones de cultivo como el laboreo superficial y la aplicación de abonos o tratamientos fitosanitarios.

8. Enumere los distintos tipos y funciones de rejas que pueden presentar los cultivadores.

Los tipos de rejas y sus funciones son las siguientes:

▪ Rejas estrechas y cortantes para airear los suelos.
▪ Escarificadoras que son las más utilizadas y permiten trabajar a una profundidad de 12 a 15 cm.
▪ Cavadoras indicadas en terrenos húmedos y arcillosos.
▪ Retorcidas que son iguales de tamaño que la rejas escarificadoras, pero de superficie ligeramente alabeada, indicadas para enterrado de restos vegetales.
▪ Aporcadoras para la formación de caballones; son las más anchas.
▪ Rejas extirpadoras o de cola de golondrina específicas para extraer las malas hierbas de raíz.

9. **La vertedera tipo "topo", ¿se utiliza para realizar una labor profunda al igual que un subsolador?**

No, la vertedra tipo "topo" se utiliza para abrir estrechas galerías en el suelo para favorecer el drenaje de los suelos.

10. **¿Qué es en una acometida?**

La acometida pertenece a la empresa suministradora de la energía, y parte desde la red de distribución general, pasando por el transformador, hasta la caja general de protección y medida, siendo este punto el comienzo de la instalación eléctrica propiedad del usuario.

11. **Qué función tienen los materiales envolventes en los sistemas de drenaje de tuberías?**

Las tuberías de drenante presentan orificios para captar el agua y los materiales envolventes tienen la finalidad de impedir su obsturación por partículas finas y, al mismo tiempo, mejorar la capacidad de infiltración y el movimiento del agua en el terreno. Para ello, se utilizan envolturas o materiales filtrantes que incrementan la permeabilidad alrededor del dren y limitan, de algún modo, la colmatación por sedimentos minerales, químicos o biológicos.

12. **Enumere los distintos sistemas que existen para la captación del agua en el suelo.**

Galerías, zanjas drenantes, sistemas de drenaje por tuberías enterradas y colectores, pozos excavados y sondeos.

13. **¿Qué elementos básicos contiene el cuadro general de mando y protección?**

En este cuadro se localiza un interruptor general automático (IGA) que protege contra sobrecargas y cortocircuitos, interruptores diferenciales (como mínimo uno por cada cinco circuitos o líneas de corriente que partan de él) para la protección contra contactos indirectos y un interruptor automático magnetotérmico para la protección de los circuitos derivados, es decir, uno para cada línea eléctrica.

14. ¿A qué hace referencia la derivación individual?

A la línea eléctrica que une la caja de protección y medida con el cuadro general de mando y protección.

15. ¿Qué establece la Directiva 2009/128/CE del parlamento europeo y del consejo de 21 de octubre de 2009?

El marco de la actuación comunitaria para conseguir un uso sostenible de los plaguicidas.

Solucionario Capítulo 2

1. Busque once nombres de especies frutales tratados en la teoría.

O	C	H	I	R	I	M	O	Y	O
R	A	G	U	A	C	A	T	E	A
E	G	L	E	A	N	O	G	A	L
H	B	I	B	K	U	O	U	A	M
C	G	O	A	C	O	Ñ	I	O	E
A	H	J	F	I	U	A	U	Z	N
T	K	N	I	R	H	T	O	E	D
S	L	A	E	U	J	S	I	R	R
I	Ñ	R	P	E	R	A	L	E	O
P	P	A	A	L	N	C	E	C	I
M	A	N	G	O	M	A	S	T	U

2. Complete la siguiente oración.

Después de la conclusión de **los trabajos de preparación del terreno** a través de una labor profunda, además de enmiendas y abonos, y otras labores complementarias que dejan el suelo dispuesto para plantar, se debe efectuar el **replanteo o marqueo**. Esta operación consiste en **trasladar** el plano o croquis del diseño de la plantación directamente al terreno, señalando físicamente la **posición** de cada árbol frutal.

3. Complete la siguiente oración.

El máximo **rendimiento** por superficie de una plantación está claro que no se logra durante los primeros **años,** sino cuando los árboles están en su etapa **adulta,** y casi la totalidad de la superficie de la plantación queda ocupada, sin existir **competencia** de nutrientes, agua, luz, etc.

4. Clasifique los siguientes árboles frutales en función de su clase: de pepita, hueso, agrios, frutos secos o subtropicales.

- Aguacate: Subtropical
- Melocotonero: Hueso
- Peral: Pepita
- Limonero: Agrio
- Pistachero: Fruto seco
- Ciruelo: Hueso
- Chirimoyo: Subtropical
- Manzano: Pepita
- Almendro: Fruto seco
- Cerezo: Hueso
- Mandarino: Agrio
- Nogal: Fruto seco

5. Dibuje esquemáticamente el marco de plantación cinco de oros.

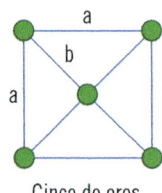

Cinco de oros

6. **Enumere tres características agronómicas y comerciales que deben reunir las variedades de las especies frutales.**

Características agronómicas	Características comerciales
Adaptación al clima y al terreno	Aspecto del fruto
Productividad y calidad del fruto	Cualidades organolépticas del fruto
Compatibilidad variedad - patrón	Resistencia al transporte y manipulaciones
Tamaño o vigor	Capacidad de conservación
Otros como tolerancia a plagas y enfermedades, color del fruto, fecha de fructificación, etc.	Preferencias del consumidor, rendimiento industrial, etc.

7. **Exponga al menos cinco características que deben reunir los patrones.**

Características	
Rápida propagación	Aumento de la productividad
Alta compatibilidad y polivalencia con diferentes variedades de especies frutales	Incremento de la longevidad
Limitar el vigor o tamaño de los frutales	No emitir chupones
Adaptabilidad a diferentes condiciones	Buen sistema radicular
Resistencia a encharcamientos y sequía	Tolerancia a patógenos

8. **Indique los principales factores físicos asociados al lugar de la plantación que pueden limitar el desarrollo de las raíces y al crecimiento posterior de los árboles.**

Los principales factores físicos asociados al lugar de la plantación son fundamentalmente la profundidad del suelo, textura, permeabilidad y estructura del mismo.

9. La densidad de plantación, ¿a qué hace referencia? ¿Qué tres aspectos hay que tener presentes para su cálculo?

La densidad de plantación hace referencia al número de árboles plantados por hectárea en una parcela agrícola.

En el cálculo de la densidad de plantación se deben estudiar varios factores como son el tamaño de la especie frutal, su sistema de formación y la posibilidad de mecanización de las tareas agrícolas.

10. ¿Cómo se realiza el replanteo de plantaciones según curvas de nivel?

El replanteo según curvas de nivel se empieza trazando la alineación base en la dirección de la línea de máxima pendiente, y dividiéndola según la distancia entre calles que se tome. A continuación, en cada división se sitúa una pata del potro de marqueo, y la otra pata en el lugar donde los niveles permanezcan equilibrados. De esta forma se van completando las filas pertenecientes a la misma cota.

En el caso de que la distancia entre dos curvas de nivel consecutivas sea demasiado grande (por ejemplo el doble que la anchura entre calles) se debe intercalar una nueva fila por el punto medio entre las dos curvas de nivel. Por el contrario, si dos curvas consecutivas se aproximan en exceso, una de ellas se deja de trazar para evitar la convergencia.

11. Indique a qué tipo de marco corresponde cada dibujo.

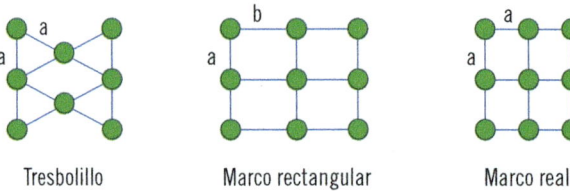

Tresbolillo   Marco rectangular   Marco real

12. Enumere al menos cinco sistemas de formación que pueden adoptar las especies frutales.

Los sistemas de formación que existen para guiar los árboles frutales pueden ser en vaso de pisos, en pirámide, *spindelbusch,* palmetas de brazos oblicuos, *marchand, lepage y ferraguti.*

13. ¿Qué elementos básicos se utilizan normalmente en el replanteo de una explotación frutal?

Para poder realizar el marqueo de una plantación se necesitan una serie de herramientas básicas como jalones o piquetes, cuerda de marqueo, cintas métricas, estacas o cañas de marqueo, potro de marqueo y niveles.

14. ¿En qué consisten los cultivos intercalares?

Las plantaciones con cultivos intercalares consiste en cultivar plantas anuales (hortalizas, cereales, etc.) en las calles de la plantación durante el periodo improductivo de los frutales.

15. ¿Qué inconvenientes presentan los cultivos intercalares?

En la mayoría de los casos, estos cultivos causan una reducción del crecimiento de los árboles por competencia en agua y nutrientes, y prolongan el periodo improductivo de la plantación. Además, se dificulta más aún el acceso a los árboles frutales para las diferentes tareas de mantenimiento como pueden ser la poda o la aplicación de fitosanitarios, por lo que debe utilizarse este sistema el menor números de años posible.

Solucionario Capítulo 3

1. Busque siete tipos de riesgos laborales en la actividad agraria.

A	L	I	B	C	V	U	M	U	E
S	E	N	J	O	I	R	I	N	I
E	S	C	L	I	B	U	T	R	A
E	L	E	C	T	R	I	C	O	S
L	A	N	J	R	A	D	I	L	U
C	G	D	A	Y	C	O	L	E	R
I	K	I	C	A	I	D	A	S	I
O	J	O	H	N	O	O	T	R	G
M	H	E	F	A	N	H	O	F	A
E	G	O	L	P	E	S	F	U	S
C	A	R	G	A	S	A	P	E	R

2. Complete la siguiente oración.

El **vuelco lateral** se origina cuando al trazar una línea perpendicular al suelo, pasando por el centro de gravedad del tractor, se proyecta fuera de su proyección normal. Existen varios factores que influyen en la **estabilidad** del tractor, como pueden ser: la **pendiente** del terreno, **separación** de las ruedas laterales, **altura** del tractor y la **posición** del centro de gravedad, que dependerá de las dimensiones y distribución del peso del tractor.

3. Complete la siguiente oración.

La Ley de Prevención de Riesgos Laborales nace con dos principales objetivos: **mejorar** las condiciones de trabajo, fomentando la información y **formación** sobre riesgos laborales, y promover la seguridad y **salud** mediante la aplicación de medidas y actividades necesarias para la prevención de los riesgos derivados del trabajo.

4. ¿Qué Real Decreto de los siguientes regula los procedimientos de homologación de vehículos de motor y sus remolques, máquinas autopropulsadas o remolcadas, vehículos agrícolas, así como de sistemas, partes y piezas de dichos vehículos?

  a. Real Decreto 1644/2008, de 10 de octubre.
  b. Real Decreto 750/2010, de 4 de junio.
  c. Real Decreto 494/2012, de 9 de marzo.

Real Decreto 750/2010, de 4 de junio, por el que se regulan los procedimientos de homologación de vehículos de motor y sus remolques, máquinas autopropulsadas o remolcadas, vehículos agrícolas, así como de sistemas, partes y piezas de dichos vehículos.

5. ¿Qué Real Decreto de los siguientes regula las inspecciones periódicas de los equipos de aplicación de productos fitosanitarios?

  a. Real Decreto 47/2022, de 18 de enero.
  b. Real Decreto 888/2006, de 21 de julio.
  c. Real Decreto 1702/2011, de 18 de noviembre.

Real Decreto 1702/2011, de 18 de noviembre, de inspecciones periódicas de los equipos de aplicación de productos fitosanitarios.

6. Cite al menos cuatro obligaciones de los empresarios en materia de prevención de riesgos laborales.

Las obligaciones son:

  ▌ Elaborar, implantar y aplicar un Plan de prevención de riesgos laborales.
  ▌ Evaluar e informar a los trabajadores sobre los riesgos en la empresa o puestos de trabajo.
  ▌ Enseñar e informar a los trabadores de las medidas preventivas adoptadas.

I Proporcionar equipos de protección adecuados a los trabajadores y vigilar que se usen.

I Adoptar medidas en caso de emergencia e informar de ellas a los trabajadores.

I Proporcionar reconocimientos médicos a los trabajadores.

7. **Cite al menos tres obligaciones de los trabajadores agrarios en materia de prevención de riesgos laborales.**

I Usar adecuadamente máquinas, herramientas, sustancias peligrosas y cualquier medio de trabajo, etc.

I Utilizar los equipos de protección adecuados facilitados por la empresa.

I No poner fuera de funcionamiento y utilizar correctamente los dispositivos de seguridad existentes o que se instalen en los medios relacionados con su actividad o en los lugares de trabajo en los que esta tenga lugar.

I Informar de inmediato a su superior jerárquico directo, y a los trabajadores designados para realizar actividades de protección y de prevención o, en su caso, al servicio de prevención, acerca de cualquier situación que, a su juicio, entrañe, por motivos razonables, un riesgo para la seguridad y la salud de los trabajadores.

I Contribuir al cumplimiento de las obligaciones establecidas por la autoridad competente con el fin de proteger la seguridad y la salud de los trabajadores en el trabajo.

I Cooperar con el empresario para que este pueda garantizar unas condiciones de trabajo que sean seguras y no entrañen riesgos para la seguridad y la salud de los trabajadores.

8. **La implementación de un Sistema de Prevención de Riesgos Laborales debe abarcar cuatro especialidades, ¿cuáles son?**

I Seguridad en el Trabajo.

I Higiene Industrial.

I Ergonomía y Psicosociología Aplicada.

I Medicina del Trabajo.

9. **Para elaborar y gestionar el Sistema de Prevención de Riesgos Laborales, la empresa puede recurrir a varias opciones. Indique cuáles son esas opciones.**

   ▮ Asunción por el propio empresario.
   ▮ Designación de trabajadores.
   ▮ Servicio de prevención propio.
   ▮ Servicio de prevención mancomunado.
   ▮ Servicio de prevención ajeno.

10. **Indique seis situaciones de riesgo que pueden originarse durante el manejo del tractor.**

    ▮ Caídas.
    ▮ Atrapamiento.
    ▮ Atropello.
    ▮ Accidentes de tráfico.
    ▮ Vuelco trasero.
    ▮ Vuelco lateral.
    ▮ Ruido.

11. **Al proceder al enganche del apero...**

    a. ... no es necesario tomar ninguna precaución, salvo con el eje cardánico.
    b. **... la maniobra de aproximación, que suele ser marcha atrás, la debe realizar el tractor lentamente.**
    c. ... se calzará el tractor para evitar atropellos.
    d. Todas las opciones son incorrectas.

12. **Señale la opción correcta.**

    a. Cuanto mayor es la separación de las ruedas, mayor es la probabilidad de que se produzca el vuelco del tractor.
    b. Cuanto menor es la altura del tractor, mayor es la probabilidad de que se produzca el vuelco del tractor.
    c. **Cuanto mayor es la separación de las ruedas, menor es la probabilidad de que se produzca el vuelco del tractor.**
    d. Todas las opciones son incorrectas.

13. ¿De qué manera puede afectar la fuerza centrífuga al vuelco del tractor?

Cuando el tractor transita a cierta velocidad, y se gira bruscamente el volante para salvar un obstáculo o por una curva cerrada, puede originarse el vuelco gracias a la fuerza centrífuga que empuja el tractor hacia fuera de la curva.

14. Entre los riesgos generales y específicos del sector agrario, cite cuatro ejemplos.

RIESGOS GENERALES

- Riesgos eléctricos.
- Riesgos de incendio.
- Riesgos asociados al manejo de cargas.
- Riesgos higiénicos por contaminantes físicos (ruido, vibraciones y temperatura), por contaminantes químicos (plaguicidas y fertilizantes) y contaminantes biológicos (alergias, contagios, etc.).
- Riesgos en el lugar de trabajo por golpes y caídas, desorden, suelos resbaladizos, materiales colocados fuera de su lugar, etc.

RIESGOS ESPECÍFICOS

- Riesgos por utilización de tractores y aperos, equipos de fertilización, maquinaria de recolección, etc.

15. ¿Por qué el eje cardan de los aperos debe estar protegido?

El eje cardan gira a bastantes revoluciones y para evitar atrapamientos con dicho eje es obligatorio que esté protegido por una carcasa plástica inmóvil.

Solucionario 3
Poda e injerto de frutales

Solucionario Capítulo 1

1. ¿Cómo se llama la parte del árbol injertado que constituirá el sistema radicular?

   a. Patrón.
   b. Yema de madera.
   c. Yema de flor.
   d. Yema de raíz.

2. **De las siguientes frases, indique cuál es verdadera o falsa.**

   a. Una yema vegetal es un conjunto de células floríferas o fructíferas, las cuales se van dividiendo.

      ☐ Verdadero
      ☑ **Falso**

   b. Las yemas pueden clasificarse de varias maneras, atendiendo a diversas consideraciones.

      ☑ **Verdadero**
      ☐ Falso

   c. La yema vegetativa o de madera se desarrolla y da lugar a un brote que crecerá y se convertirá en madera.

      ☑ **Verdadero**
      ☐ Falso

3. **Complete la siguiente oración.**

   En la yema de flor o fructífera, su desarrollo dará lugar a **flores.** Las yemas de flor son más **abultadas** que el resto de yemas.

4. La zona radicular del frutal...

    a. ... lleva nutrientes a todo el árbol.
    b. ... lleva nutrientes solo a las yemas de injerto.
    c. ... lleva nutrientes solo el portainjerto.
    d. Todas las opciones son correctas.

5. Relacione los siguientes elementos:

    a. Ramo mixto
    b. Ramo de Mayo
    c. Chifona

    a. 30-100 cm
    b. 15-30 cm
    c. 12 cm máximo

6. ¿Qué es una yema pronta o anticipada?

Es la que desarrolla un brote en el mismo año de su formación.

7. Complete las siguientes oraciones con los siguientes términos: autofértiles - autoestériles - alogamia.

    a. Hay algunas variedades que son "**autoestériles**", eso significa que el polen de un árbol es incapaz de llevar a cabo la fecundación de las flores de ese mismo árbol, e igualmente hay variedades "autofértiles", es decir, que son capaces de fecundar la propia flor que contiene el polen.
    b. Son consideradas como especies **autofértiles** las que puede prescindir de la fertilización cruzada, como el membrillero, el melocotonero, el paraguayo, el nogal, la higuera, el caqui y el níspero.
    c. La polinización es el proceso por el cual el polen pasa de la parte masculina de la flor a la parte femenina, o de una flor macho a una flor hembra. Se conoce como autopolinización cuando ese pase o traslado de polen se realiza en la misma flor, y polinización cruzada (o **alogamia**) cuando pasa de una flor a otra.

8. Una raíz pivotante es...

    a. ... la que absorbe agua y nutrientes.
    b. ... la que solo absorbe agua y no nutrientes.
    c. ... la que está formada por una raíz principal muy desarrollada, algunas raíces secundarias y penetra profundamente en el suelo.
    d. ... la que está formada por raíces poco desarrolladas y muy superficiales.

9. De las siguientes frases, indique cuál es verdadera o falsa.

    a. Las flores son hermafroditas cuando tienen órganos reproductores masculinos y femeninos en la misma flor.

        ☑ **Verdadero**
        ☐ Falso

    b. Los árboles que tienen órganos reproductores masculinos y femeninos en el mismo individuo se denominan monoicos.

        ☑ **Verdadero**
        ☐ Falso

    c. La floración siempre se da al mismo tiempo en todo el árbol, con una duración total de 5 a 20 días.

        ☐ Verdadero
        ☑ **Falso**

10. Relacione los siguientes elementos:

    a. Navaja
    b. Cuerda de rafia
    c. Pasta o mastic

    a. Cortar
    b. Atar
    c. Cubrir herida

11. ¿Qué son las chifonas?

a. Son órganos cortos, de una longitud máxima de 18 cm, con poco vigor o fuerza de crecimiento.

b. Son órganos muy largos, de una longitud mínima de 60 cm, con poco vigor o fuerza de crecimiento.

c. Son órganos cortos, de una longitud máxima de 12 cm, con poco vigor o fuerza de crecimiento.

d. Son órganos engrosados, de crecimiento muy lento y con una longitud entre 30 y 60 cm.

12. Complete la siguiente oración.

La nutrición adecuada del árbol garantizará la correcta y abundante formación de yemas y evitará el problema de la esterilidad. Dentro de todos los **elementos** nutrientes, los que están más relacionados y tienen mayor importancia en este proceso son el **magnesio** y el boro.

13. ¿En qué estaciones del año se realizan la mayoría de los injertos?

En primavera y verano.

14. Busque cuatro tipos de injertos en la siguiente sopa de letras.

A	S	H	U	G	T	J	I	H	T
M	O	F	C	O	R	O	N	A	Z
F	I	U	O	Q	W	E	R	X	I
R	O	N	S	G	G	T	T	C	N
G	I	Y	T	H	O	N	S	F	G
O	N	S	A	P	M	O	F	C	L
U	L	T	D	O	O	N	S	F	E
O	Q	R	O	R	O	N	H	V	S
I	W	E	F	T	M	O	F	C	J
O	N	S	F	T	G	U	H	I	B
E	S	C	U	D	E	T	E	P	J
F	H	T	F	C	S	X	K	O	K

15. Complete las siguientes oraciones.

a. Para la desinfección de las herramientas se puede usar **alcohol** u otro desinfectante, como por ejemplo lejía disuelta en agua. Además en el mercado existen productos desinfectantes específicos para herramientas de poda.

b. Tanto las tijeras, como los serruchos y navajas han de ser **engrasadas** en sus zonas móviles, como muelles y bisagras.

Solucionario Capítulo 2

1. ¿Qué tipo de poda en palmeta se conoce "drapeau" (bandera en francés)?

    a. Palmeta irregular.
    b. Palmeta regular.
    c. **Palmeta Marchand.**
    d. Palmeta Ferraguti.

2. **De las siguientes frases, indique cuál es verdadera o falsa.**

    a. La fruta, para que sea comercialmente viable, requiere determinados estándares de calidad, y esos estándares no se consiguen sin llevar a cabo una poda adecuada.

        ☑ **Verdadero**
        ☐ Falso

    b. El resto de labores culturales que se realizan en un frutal no tienen nada que ver con la realización de la poda.

        ☐ Verdadero
        ☑ **Falso**

    c. El crecimiento de las raíces está muy relacionado con la poda que se efectúa en el frutal.

        ☑ **Verdadero**
        ☐ Falso

3. **Complete la siguiente oración.**

    La poda puede ayudar a incrementar el número de **árboles** de una plantación, al reducir el tamaño de los mismos y poder plantar más cantidad en el mismo **espacio.**

4. ¿Cuál es el tipo de formación adecuado para la vid?

    a. Vaso.
    b. Palmeta.
    c. Pirámide.
    d. Todas las opciones son correctas.

5. Relacione los siguientes elementos:

    a. Brazo
    b. Cara
    c. Cabeza

    <u>b.</u> Máscara facial
    <u>a.</u> Manguito
    <u>c.</u> Casco

6. ¿Qué es el tutorado con caña?

Es la colocación de una caña de madera entre dos ramas para ir formando y dirigiendo su crecimiento.

7. Complete las siguientes oraciones con los siguientes términos: brazos, cortes y yemas.

A la hora de realizar los cortes hay que analizar si se pretende que en esa zona en cuestión se produzcan o no nuevas brotaciones. En las zonas más bajas del árbol (tronco y primer tramo de brazos o ramas principales) lo más normal es que no interese que vuelvan a salir nuevos brotes, por lo que en este caso es conveniente realizar los cortes lo más rasantes posibles a la madera de la rama. En este caso, y mediante ese tipo de corte, se reduce drásticamente la posibilidad de que aparezcan **yemas** axilares.

Si se pretenden nuevas brotaciones, por ejemplo en **brazos** y ramas secundarias, el corte no debe nunca apurarse, y es aconsejable dejar un pequeño tocón. Este tipo de corte respeta las yemas, de las que podrán emerger los brotes que serán necesarios para conseguir ramos productivos.

En todo momento han de evitarse **cortes** de grandes dimensiones y diámetros. Si no queda más remedio que hacerlos hay que protegerlos aplicándoles pasta cicatrizante, para así evitar los ataques de hongos e insectos, así como daños por climatología extrema.

8. **Antes de quemar residuos vegetales...**

   a. **... hay que consultar la legislación municipal o comarcal al respecto.**
   b. ... hay que asegurarse de que estén bien secos.
   c. ... hay que asegurarse de que no contienen fruta que se pueda aprovechar.
   d. ... hay que triturarlos para que el montón a quemar sea lo menor posible.

9. **De las siguientes frases, indique cuál es verdadera o falsa.**

   a. El duramen es un tejido interno muy duro y de madera sin crecimiento, que adquiere un tinte oscuro y una enorme resistencia a la putrefacción.

      ☑ **Verdadero**
      ☐ Falso

   b. La médula es el exterior tronco, compuesto por materia viva y con la función de almacenar nutrientes. Su tamaño, forma y color puede ser muy variable.

      ☐ Verdadero
      ☑ **Falso**

   c. El xilema es leñoso y dirige la savia bruta desde la raíz a las hojas, y el floema, reconduce la savia elaborada al resto del árbol.

      ☑ **Verdadero**
      ☐ Falso

10. Relacione los siguientes elementos:

    a. Motosiera
    b. *Topping*
    c. Desechos

    a. Cadena
    c. Compost
    b. Brazo articulado

11. Las hojas de un árbol pueden caer al debido a...

    a. ... temperaturas muy bajas en primavera.
    b. ... una deficiencia en la nutrición.
    c. ... los tratamientos fitotóxicos.
    d. Todas las opciones son correctas.

12. Complete la siguiente oración.

Uno de los primeros síntomas externos y apreciables de que la actividad vegetativa comienza es que las **yemas** se hinchan. En la gran mayoría de las especies las yemas florales (y en algunos casos las mixtas) empiezan a hincharse antes que las yemas **vegetativas.**

13. ¿Qué es el peciolo de una hoja?

Es la parte por la que se une a la rama.

14. Busque tres tipos de poda y tres herramientas usadas para realizar la misma.

A	F	P	I	R	A	M	I	D	E
R	V	A	S	O	U	I	Ñ	A	J
Y	U	L	G	Y	H	U	J	F	E
Q	E	M	L	H	T	D	L	O	J
O	S	E	R	R	U	C	H	O	T
K	L	T	L	H	F	T	N	H	I
P	L	A	M	E	T	A	N	I	J
P	O	D	O	R	O	S	A	J	E
T	S	I	D	E	P	L	O	N	R
M	O	T	O	S	I	E	R	R	A
A	D	H	J	M	B	C	E	L	O
M	A	R	M	I	G	I	T	R	P

15. Complete la siguiente oración.

En el tronco de todo frutal hay dos tipos de vasos conductores o "tuberías". El _____, que es leñoso y dirige agua y nutrientes (savia bruta) desde la raíz a las hojas, y el _____, que reconduce esa agua y sales ya transformadas (savia elaborada) al resto del árbol.

Solucionario Capítulo 3

1. **El aclareo que se lleva a cabo al frutal incide en la reducción de...**

   a. ... el tamaño de las ramas primarias.
   b. ... la calidad de la fruta.
   c. ... el tamaño del tronco.
   d. **... la vecería.**

2. **De las siguientes frases, indique cuál es verdadera o falsa.**

   a. La inducción floral o creación de yemas de flor ocurre al final del crecimiento primaveral, entre los meses de Junio y Agosto, como norma general.

   ☑ **Verdadero**
   ☐ Falso

   b. Una flor es hermafrodita cuando tiene órganos reproductores masculinos y femeninos.

   ☑ **Verdadero**
   ☐ Falso

   c. Un árbol se considera que está en plena floración cuando el 80 % de sus flores están abiertas.

   ☐ Verdadero
   ☑ **Falso**

3. **Complete la siguiente oración.**

   La lluvia impide el **vuelo** de abejas y otros insectos polinizadores y el viento cuando es **superior** a 20 km/h también lo hace.

4. **El proceso del cuajado está influenciado por una serie de factores naturales como...**

    a. ... la temperatura, la existencia de insectos polinizadores y el fotoperiodo.
    b. ... la temperatura, la aplicación de favorecedores del cuajado y el riego.
    c. ... la temperatura, la existencia de insectos no polinizadores y el fotoperiodo.
    d. Todas las opciones son correctas.

5. **Relacione los siguientes elementos:**

    a. Vecería
    b. Bastón
    c. Etefon

    b. Aclareo
    a. Productividad
    c. Cuajado

6. **Para llevar a cabo un aclareo de flores manual, sin la ayuda de ningún tipo de maquinaria. ¿Qué se puede emplear?**

Por una lado las manos y por otro lado una herramienta manual con forma curva o de garfio llamada "bastón".

7. **Complete las siguientes oraciones con los siguientes términos: hojas, peso y fruto.**

Para llevar a cabo el aclareo de frutos de forma manual hay que quitar todo aquel fruto defectuoso, como pueden ser rozaduras, manchas, picaduras de insectos, etc., el **fruto** que tenga alguna deformidad y todo aquel que resulte de menor tamaño que la media.

Con el aclareo se debe conseguir también una distribución regular de toda la cosecha del árbol, sin que existan unas zonas vacías de fruta y otras muy cargadas. Los terminales de las ramas han de aclararse más para evitar que se doblen por el **peso**.

Para que el aclareo sea óptimo hay que seguir, aproximadamente, los siguientes parámetros: deben quedar por encima del fruto y en la misma rama, entre 15/20 hojas, para especies de pequeño tamaño (por ejemplo cerezo o almendro) y entre 40/60 **hojas** para grandes frutos (por ejemplo manzano, peral y melocotón). Son hojas que tienen como misión aportar alimento al fruto.

8. Cuando se reducen la cantidad de frutos...

    a. ... disminuye la transpiración del árbol.
    b. ... aumenta la transpiración del árbol.
    c. ... disminuye la respiración del árbol.
    d. ... aumenta el grosor de la corteza de las ramas.

9. De las siguientes frases, indique cuál es verdadera o falsa.

    a. Se aclarea cuando se poda en invierno, mediante la eliminación de los brotes floríferos, que aunque todavía no son flores propiamente dichas los serán más adelante.

        ☑ **Verdadero**
        ☐ Falso

    b. El aclareo químico siempre debe llevarse a cabo mediante el uso de herramientas manuales del fruticultor.

        ☐ Verdadero
        ☑ **Falso**

    c. Los aclaradores ahorran tiempo en las explotaciones y constan de una serie de hilos o cerdas de nylon que van girando sobre un eje central.

        ☑ **Verdadero**
        ☐ Falso

10. Relacione los siguientes elementos:

    a. Guantes
    b. Máscara respiratoria
    c. Gafas

    b. Protege las vías respiratorias
    c. Protege los ojos
    a. Protege la piel

11. Los favorecedores del cuajado...

a. ... son también usados en otros tipos de cultivos muy diversos.
b. ... solo se utilizan en frutales y ornamentales.
c. ... son formulaciones químicas de origen artificial.
d. ... no pueden ser usados a primera hora de la mañana.

12. Complete la siguiente oración.

Cuando el aclareo se realiza sobre las flores se pretende disminuir su **número** y así mermar las posibilidades de **fecundación** del frutal, con lo cual la producción de frutos se reducirá y ajustará a la cantidad que se pretende obtener.

13. ¿En qué consiste el rayado o anillado?

En la realización de cortes en la corteza de las ramas del árbol.

14. Busque cuatro conceptos relacionados con la polinización.

A	B	W	B	Q	S	F	H	J	K
I	C	U	A	C	J	A	D	I	O
J	A	U	T	O	G	A	M	I	A
H	L	S	F	L	D	R	T	G	Y
G	O	H	U	M	E	R	M	H	O
U	G	U	Y	E	A	J	U	K	I
O	A	I	A	N	S	V	H	Y	M
G	M	M	S	A	B	E	J	A	M
I	I	E	E	P	E	R	O	B	I
R	A	D	F	M	A	N	Z	A	N
E	O	U	G	P	E	T	U	J	I
N	L	F	T	K	I	W	U	K	O

15. Complete la siguiente frase:

Actualmente, para la estimulación del cuajado se utilizan productos que estimulan la división de las **células** vegetales, con lo que se provoca la formación de fruto sin que haya habido previamente fecundación, obteniendo así por ejemplo frutos libres de **pepitas.**

Solucionario 4

Manejo, riego y abonado del suelo

Solucionario Capítulo 1

1. **Señale los siguientes términos en la sopa de letras.**

   a. Mala hierba que aparece en los cultivos.
   b. Herbicida que se aplica en el suelo.
   c. Pérdida de suelo fértil.
   d. Cubierta vegetal que dura todo el año.

E	R	O	S	I	O	N	E	A	Q
R	C	D	E	X	S	S	D	W	Z
F	V	B	G	T	N	Y	A	H	N
P	O	L	K	E	I	U	F	J	M
P	E	A	V	W	F	C	I	T	H
I	A	R	S	D	T	T	C	T	E
E	A	L	E	A	B	H	O	L	H
H	F	O	R	N	V	R	S	O	T
J	S	S	M	E	N	T	W	U	G
U	T	E	F	O	L	E	Y	Y	F

2. **Complete la siguiente oración.**

   La cubierta vegetal es básicamente el proceso por el cual el **suelo** es cubierto por especies **herbáceas** para que proteja el suelo de las condiciones climáticas y de la **erosión** eólica e hídrica.

3. Señale a qué tipo de mala hierba corresponden las siguientes imágenes.

a. Avena loca

b. Abutilon

c. Cenizo

d. Jopo

4. Relacione el apero con la profundidad a la que trabajan.

    a. 20 cm
    b. 40 cm

    b. Vertedera
    a. Cultivador
    b. Chisel
    a. Fresadora

5. **De las siguientes frases, indique cuál es verdadera o falsa.**

    a. El apero puede ser arrastrado, suspendido o semisuspendido.

        ☑ **Verdadero**
        ☐ Falso

    b. Nunca es bueno rotar los cultivos.

        ☐ Verdadero
        ☑ **Falso**

    c. La pendiente facilita la erosión.

        ☑ **Verdadero**
        ☐ Falso

    d. El no laboreo es un tipo de laboreo tradicional.

        ☐ Verdadero
        ☑ **Falso**

6. **Señale la opción correcta.**

    a. Las malas hierbas arvenses aparecen en zonas de reforestación.
    b. Las malas hierbas pratenses aparecen en los cultivos.
    c. **Las malas hierbas ruderales aparecen en las cunetas.**
    d. Las malas hierbas vivaces viven un año.

7. **Indique, al menos, cinco malas hierbas. Señale si son malas hierbas completas o parásitas.**

    ▌ Jopo: parásita.
    ▌ Cuscuta: parásita.
    ▌ Muérdago: parásita.
    ▌ Cola americana: completa.
    ▌ Amarilla: completa.
    ▌ Avena loca: completa.
    ▌ Cenizo: completa.
    ▌ Barrilla pinchosa: completa.

❙ Galinsoga o colminillo blanco: completa.
❙ Diente de león: completa.
❙ Abutilón: completa.

8. Complete la siguiente oración.

El no laboreo, también llamado **siembra directa,** solo modifica el suelo en la plantación de la nueva cosecha, creando **huecos** para las semillas o plántulas, siendo después **tapados** o semitapados.

9. Señale a qué tipo de maquinaria corresponden las siguientes imágenes.

a.   Cavadora

b.   Descompactador

c.   Fresadora

d.   Subsolador

10. **Indique las épocas de aplicación de los herbicidas.**

- Presiembra: se aplica antes de sembrar el cultivo. Es muy raro, hoy por hoy, usar este método en esos momentos, ya que pueden haber diversos factores que inutilicen el herbicida, como por ejemplo la lluvia, un cambio de cultivo que pueda ser afectado o que no sirva para las malas hierbas que salen en ese cultivo, etc.
- Siembra: tampoco suele ser muy usado este método, pero en el caso de hacerlo, se haría a la misma vez de la siembra del cultivo.
- Preemergencia: una vez sembrado el cultivo, pero sin que haya germinado aún (que suele ser entre una semana y dos semanas), se aplica el herbicida en cuestión. Este método es más usado que los dos anteriores, y suele ser aplicado en cultivos de regadío.
- Postemergencia: se usa cuando el cultivo ya ha nacido. Suele ser el método más usado y se suele aplicar más en cultivos de secano.

11. **Relacione los siguientes elementos.**

  a. Fijos
  b. Giratorios

  b. Rotocultor
  a. Cultivador
  a. Rastra de púas
  b. Grada de discos

12. **Señale la opción incorrecta.**

  a. Todos los aperos que trabajan muy profundos son aperos fijos.
  b. No hay ningún apero accionado por la toma de fuerza de los que trabajan a un nivel profundo.
  c. La vertedera trabaja en un nivel profundo.
  d. El cultivador trabaja hasta los 20 cm de profundidad.

13. Describa el manejo de cubiertas inertes.

En el manejo o mantenimiento de cubiertas inertes de paja, corteza de trigo, restos de poda, etc., hay que tener en cuenta que se va degradando poco a poco, por lo que habrá que ir reponiendo paja, corteza de pino, etc., para que no se agote y siga realizando su función.

Con respecto al mantenimiento de cubiertas inertes con plástico, hay que reponer el plástico que, con el calor, la lluvia, el viento, etc., se va degradando y cada vez dando menos resultados por otros nuevos que vuelvan a dar el rendimiento deseado.

14. Complete la siguiente oración.

El balance hídrico es el **cálculo** entre el agua existente en el terreno y los aportes **naturales** menos la pérdida de agua, dando un resultado **positivo** (no hay que añadir agua por riego) o negativo (hay que aportar **riegos**).

15. ¿Cuáles son los factores que facilitan la erosión?

Los factores que hacen fácil este proceso son:

- La pendiente: facilita la escorrentía; cuanta más pendiente más fuerza de arrastre llevará la escorrentía.
- La escorrentía: crea surcos en la tierra, arrastra nutrientes importantes y piedras que aumentan el surco.
- El clima: el calor, las precipitaciones y el viento pueden erosionar el suelo.
- El suelo: cuanto más pobre es en nutrientes, habrá menos plantas que agarren el suelo y será más fácil erosionarlo.
- La falta de plantas que fijen el suelo: las raíces agarran el suelo; cuanta más planta mayor agarre.
- La intrusión de agua salina: la entrada de agua salina en acuíferos cercanos al mar.
- La intrusión de elementos contaminantes: vertidos de diversa índole como: basuras, escombros, vertidos ilegales de minerías, de fábricas, etc.
- La acción del hombre.
- Los incendios.

Solucionario Capítulo 2

1. **Busque los siguientes términos en la sopa de letras.**

    a. La cantidad de agua que necesita la planta en cualquiera de sus cuatro estados.

    b. La cantidad de agua que pasa por una tubería en un tiempo determinado.

    c. La fuerza ejercida por el agua sobre las paredes de la tubería.

    d. Hueco, normalmente redondo, alrededor del árbol o arbusto que sirve para retener el agua.

Q	W	E	D	R	T	Y	U	I	O
A	S	D	O	F	G	H	J	K	P
L	A	Q	T	G	B	G	W	S	Q
Ñ	C	A	A	T	N	A	E	H	U
Z	A	L	C	O	R	Q	U	E	E
X	U	Z	I	R	H	M	N	B	T
C	D	X	O	F	Y	J	A	O	F
V	A	S	N	V	U	U	E	I	J
B	L	W	P	R	E	S	I	O	N
N	M	E	D	C	I	K	T	U	I

2. **Complete la siguiente oración.**

El riego por aspersión está dentro del grupo de riegos por **alta** presión, junto al riego por **difusión**, microaspersión y **microdifusión**.

3. Identifique las siguientes imágenes.

a. Bomba de eje vertical

b. Dosificador eléctrico

c. Aspersor de impacto

d. Aspersor de turbina

4. Ordene los elementos del sistema de riego desde el principio hasta el final.

__2.__ Cabezal de riego.
__4.__ Emisor.
__1.__ Bomba de agua.
__3.__ Tubería.

5. **De las siguientes frases, indique cuál es verdadera o falsa.**

    a. Los aspersores emergentes llegan a los 10 m - 12 m de longitud de riego.

        ☑ **Verdadero**
        ☐ Falso

    b. El riego por inundación pertenece al grupo del riego de alta presión.

        ☐ Verdadero
        ☑ **Falso**

    c. El riego por aspersión no tiene pérdida de agua.

        ☐ Verdadero
        ☑ **Falso**

    d. El riego por goteo provoca escorrentía.

        ☐ Verdadero
        ☑ **Falso**

6. **Indique al menos cinco ventajas del riego por goteo.**

Las ventajas del riego por goteo son las siguientes:

- Es el tipo de riego más eficaz.
- Es el tipo de riego que más agua ahorra.
- Casi no tiene pérdida de agua por evaporación cuando es superficial; cuando es enterrado prácticamente no tiene pérdida de agua por evaporación.
- Puede regar a muy baja presión.
- Se pueden hacer otras labores mientras se riega.
- No necesita muchas labores en el suelo para su instalación.
- Se pueden usar aguas de menor calidad.
- Crea muy pocas malas hierbas (solo alrededor de la planta, donde llega el agua por capilaridad).
- No altera la estructura del suelo, por lo que tampoco crea escorrentía ni erosión.
- Necesita muy poca mano de obra.

▌ No importa que el suelo presente desnivel, porque solo riega a los pies del árbol o del arbusto (aunque es conveniente no tener desnivel por si hay lluvias torrenciales).

▌ Puede ser automatizado y programado con facilidad, pudiendo regar de madrugada.

▌ Las boquillas del goteo se pueden regular para echar más o menos litros de agua a la hora (1/4 l/h, 1/2 l/h, 1 l/h, 2 l/h,..., 11 l/h, 12 l/h), por lo que dependiendo del caudal que se ponga, en verano puede estar regando las 24 h/día y, aun así, gastar mucha menos agua que los otros sistemas de riego.

7. Señale la opción incorrecta.

a. **En el riego por aspersión no es conveniente crear una zona de solape.**

b. El sistema de riego por goteo es el más uniforme.

c. A la acción de elevar el agua por una bomba de agua también se le llama aspiración.

d. El hidrociclón es el primer filtro que pasa el agua en el cabezal de riego.

8. Complete la siguiente oración.

La dotación de riego es la **cantidad** de agua en un tiempo concreto que necesita la **planta** para un buen desarrollo, o dicho de otro modo, es la cantidad de agua que necesita la planta en cualquiera de sus cuatro **estados**.

9. Identifique las imágenes con el aparato correspondiente que mide la presión y el caudal.

a.   Caudalímetro electromagnético

b.   Contador volumétrico

c.   Manómetro

d.   Presostato

10. Explique el método de lmpieza de los filtros.

Los métodos de limpieza de los filtros son los siguientes:

❚ Hidrociclón: la limpieza del hidrociclón es sencilla, ya que dispone de una manivela en la parte inferior que abre una compuerta de donde caen los sedimentos.

❚ Filtro de arena: Para limpiar el filtro de arena se invierte el sentido del agua. Normalmente dura 5 min. Para poder invertir el sentido de la corriente del agua se usa una válvula inversora. Es recomendable poder tener instalados dos filtros de arena, porque mientras uno se limpia, el otro puede servir para limpiar al primero o para no tener que parar el cabezal de riego. Es importante cada principio de temporada (cuando se empieza a usar el sistema de riego con frecuencia) lavar el filtro con agua y cloro para evitar microorganismos.

▌ Filtro de anilla o de malla: la limpieza en el caso de ambos filtros es sencillo, se desmontan las anillas o la malla y bajo el agua a presión se limpia.

11. Ordene por cercanía a la bomba de agua los siguientes componentes del sistema de riego.

2. Filtro de arena.
4. Equipo de inyección de nutrientes.
1. Hidrociclón.
3. Filtro de anilla.

12. Señale la opción incorrecta.

a. Las ventosas son válvulas que permiten la salida del aire.
b. El contador volumétrico sirve para medir la presión.
c. Los caudalímetros electromagnéticos miden el caudal.
d. El manómetro sirve para medir la presión.

13. Complete la siguiente oración.

La función del filtro de arena es retener las partículas orgánicas como algas, **bacterias,** restos orgánicos y los elementos inorgánicos como arena, limo, arcilla, etc.; es el mejor **filtro** para aguas muy **contaminadas** o que tengan muchos sólidos.

14. Explique el método de la medida de uniformidad del riego.

La medida de la uniformidad del riego consiste en lo siguiente:

▌ Se colocan unos recipientes en diversas partes del terreno, dividido en los emisores que están más cerca del cabezal de riego, los emisores que están en la mitad del terreno y los emisores que están al final del terreno.
▌ Se activa el sistema de riego un tiempo determinado.
▌ Se recogen todos los envases con el agua.
▌ La medición es la media de la cuarta parte de los envases con menos agua, dividido entre la media de todos los envases por 100.
▌ Cuanto mayor sea el resultado, mejor calidad de uniformidad tendrá el terreno.

15. Indique a qué sistemas de riegos pertenecen los siguientes riegos.

    a. Superficiales
    b. Alta presión
    c. Riego localizado

    a. Riego por inundación
    c. Riego por goteo
    b. Riego por aspersión
    c. Riego por exudación

Solucionario Capítulo 3

1. **Encuentre los siguientes términos en la sopa de letras.**

   a. Producto que se aplica al suelo, a las hojas y al tronco mediante una inyección y puede ser simple o complejo.
   b. Problema por falta de un nutriente que amarillea las hojas.
   c. Elemento que por un exceso produce un amarilleamiento de las hojas con unas manchas oscuras y crecimiento lento.
   d. Herramienta que aplica abono líquido.

Q	M	J	R	T	Y	U	I	O	P
A	N	U	E	A	C	S	D	F	G
Z	H	I	M	H	L	J	K	L	Ñ
W	A	B	O	N	O	Z	X	C	V
S	Y	K	C	B	R	N	M	A	F
X	T	L	H	H	O	U	F	R	R
E	G	O	I	K	S	H	L	D	F
D	B	P	L	H	I	E	R	R	O
C	V	Ñ	A	D	S	A	L	Y	U
R	F	Q	W	S	Q	Z	R	E	O

2. **Complete la siguiente oración.**

   Los Microelementos también se llaman **oligoelementos** y absorben nutrientes en **poca** cantidad; estos son el Hierro, el **Boro,** el Manganeso, el Cobre, el Zinc, el Molibdeno y el **Cloro.**

3. Identifique qué tipo de clorosis se ve en cada una de las imágenes.

a.   Clorosis férrica

b.   Clorosis magnésica

c.   Clorosis manganésica

d.   Clorosis sulfúrica

4. Ordene los elementos en Elementos primarios y Elementos secundarios.

    a. Elementos primarios
    b. Elementos secundarios

    a. Potasio
    b. Calcio
    b. Azufre
    a. Fósforo

5. **De las siguientes frases, indique cuál es verdadera o falsa.**

   a. Los Oligoelementos se absorben en grandes cantidades.

   ☐ Verdadero
   ☑ **Falso**

   b. Los Microelementos se dividen en Elementos primarios y secundarios.

   ☐ Verdadero
   ☑ **Falso**

   c. El Oxígeno se puede absorber por las hojas.

   ☑ **Verdadero**
   ☐ Falso

   d. El Hidrógeno se puede absorber solo por las raíces.

   ☐ Verdadero
   ☑ **Falso**

6. **Indique al menos cinco características del suelo.**

   ▮ No debe ser fácilmente erosionable.
   ▮ Debe tener suficientes poros para airear el suelo y retener agua.
   ▮ Debe tener un pH neutro.
   ▮ No debe contener sales.
   ▮ Se debe evitar la cal.
   ▮ No debe estar compactado.
   ▮ Debe ser un suelo franco.
   ▮ No debe estar contaminado.
   ▮ No debe tener pendiente.

7. **Señale la opción correcta.**

   a. Las agallas se producen por falta de un nutriente.
   b. **La falta de Calcio también produce clorosis.**
   c. El Manganeso se absorbe fácilmente en suelos con mucha arena.
   d. Cuando existe mucha cal en el suelo se absorbe mejor el Cobre.

8. Complete la siguiente oración.

Normalmente el **Nitrógeno** suele ser el elemento que más se usa para la fase de crecimiento, mientras que el **Fósforo** y el Potasio son los elementos que más suelen ser absorbidos en la fase de **floración** y **fructificación**.

9. Identifique qué tipo de herramienta o maquinaria para aplicar abono se puede ver en cada una de las imágenes.

a. Abonador manual

b. Inyector de abono en tronco

c. Abonador mecánico

d. Apero cisterna

10. Explique los distintos tipos de clorosis con sus características.

CUADRO DE CLOROSIS				
Características				
Clorosis cálcica	Clorosis férrica	Clorosis sulfúrica	Clorosis magnésica	Clorosis manganésica
Las hojas jóvenes amarillean y terminan perdiendo el color verde por el amarillo.	Las hojas más jóvenes amarillean y terminan totalmente blancas si la falta de Hierro es muy grande.	Ataca a las hojas jóvenes y viejas al mismo tiempo.	La zona de hojas más viejas es la primera en ser amarilleada. Si la falta del elemento sigue, se producen manchas marrones.	Ataca la zona de los nervios de las hojas y si es grande la falta del elemento, se pone toda la hoja amarilla y termina blanca.

11. Señale la opción incorrecta.

    a. La edad del árbol es un factor a tener en cuenta en el diagnóstico del estado nutritivo.
    b. El análisis foliar se realiza por reacciones.
    c. **El nivel de productividad se debe a la superficie, la productividad y la erosión.**
    d. Los insectos auxiliares ayudan a mantener sana la planta.

12. Complete la siguiente oración.

Si no se realiza un **análisis** anual, debería ser un análisis cada **dos** años para evitar **problemas** tanto por exceso como por **falta** de elementos nutritivos.

13. Explique cinco consejos para evitar y prevenir accidentes laborales.

Para evitar y prevenir los riesgos y accidentes laborales se deben seguir los siguientes consejos:

I Equiparse con elementos de seguridad: estos son guantes, mascarillas, zapatos de seguridad, ropa protectora como pantalones o peto de seguridad o el traje fitosanitario que también sirve de protección al aplicar abonos.
I Evitar inhalaciones de los vapores.
I Evitar tocar los productos con las manos sin protección.
I Evitar la ingesta.
I No aplicar sobre los ojos, nariz, cara y cuerpo.
I Si cae en la ropa, se debe retirar rápidamente la prenda.
I Preparar los productos en zonas abiertas o bien aireadas.
I Guardar los productos en recipientes homologados.
I Nunca dejar al sol o en lugares que alcancen grandes temperaturas.
I Aplicar la cantidad del producto correspondiente.
I Aplicar el producto donde se indica (si es abono foliar no aplicarlo sobre el suelo).
I Limpiar la maquinaria y herramientas con productos que no creen reacción.
I Si sobra producto, guardarlo en recipientes idóneos o desecharlos en un lugar indicado.
I Cuidado en el manejo de las herramientas y maquinarias.
I Evitar que sean ingeridos por personas o animales.
I Hay que tener cuidado con las mezclas para no crear reacciones.

14. ¿Cómo pueden ser los abonos?

I Sólidos: dentro de este tipo hay:

I Granulados.
I Con forma de bastón, bolitas, palos, etc.
I De lenta liberación de nutrientes.
I De rápida liberación de nutrientes.

I Líquidos: dentro de esta variedad están:

I Disueltos en agua.
I Sin disolver.
I Mezclados con otros nutrientes.

15. Explique los Macroelementos y los Microelementos.

▌ Los Macroelementos: están presentes en muchas reacciones metabólicas de la planta y en diversas células, por este motivo se absorben en grandes cantidades. Los macroelementos se pueden dividir a su vez en:

▪ Elementos primarios: la reserva existente en el suelo de estos elementos no suele alcanzar las necesidades de la planta, por lo que son elementos que deben ser aportados con cierta asiduidad. Estos elementos son el Fósforo, el Potasio y el Nitrógeno. También se incorporan a este grupo el Carbono, el Oxígeno y el Hidrógeno por la gran necesidad de la planta de usarlos en muchos procesos y, por lo tanto, de ser absorbidos en grandes cantidades.

▪ Elementos secundarios: el suelo puede tener la cantidad suficiente que necesita la planta de estos elementos, pero aun así habrá que vigilar la planta para ver si pueden haber deficiencias y realizar un aporte. Estos elementos son el Calcio, el Magnesio y el Azufre.

▌ Los Microelementos: se suelen absorber en poca cantidad. También se suelen llamar oligoelementos. Los elementos son el Hierro, el Boro, el Manganeso, el Cobre, el Zinc, el Molibdeno y el Cloro.

Recolección, transporte, almacenamiento y acondicionamiento de la fruta

Solucionario Capítulo 1

1. **Indique cuándo comienza a desarrollarse el fruto.**

   El fruto comienza su desarrollo después de la polinización.

2. **Enumera al menos tres métodos para conocer cuándo la fruta está madura.**

   ▪ Tiempo transcurrido desde la floración.
   ▪ Temperatura o unidades de calor.
   ▪ Color de la piel o de la pulpa.
   ▪ Color de las semillas.
   ▪ Facilidad de desprendimiento del árbol o planta.
   ▪ Tamaño, peso y densidad.
   ▪ Índices químicos.

3. **¿Qué porcentaje de semillas deben tener un color oscuro para saber si la fruta está madura?**

   a. 80 %.
   b. 60 %.
   c. 50 %.
   d. 75 %.

4. **¿Qué son frutas no climatéricas?**

   Las que no continúan madurando tras ser separadas de la planta que las produjo.

5. **Agrupe las siguientes frutas en climatéricas y no climatéricas**

   Níspero, albaricoque, ciruela, cereza, limón, manzana.

   ▪ Climatéricas: Albaricoque, manzana, ciruela.
   ▪ No climatéricas: Cereza, limón, Níspero.

6. ¿Qué aparato se utiliza para medir la madurez de la fruta mediante la escala Shore?

El presiómetro o penetrómetro.

7. ¿Cuáles son los parámetros o índices químicos de la madurez de la fruta?

El contenido en almidón, azúcares y ácidos.

8. ¿Cómo se expresa la cantidad de azúcar de la fruta?

  a. En grados Briz, °Bz.
  b. En grados Brix, °Bx.
  c. En grados de azúcar por 100 g.
  d. En gramos de azúcar por 100 g.

9. ¿Cómo se debe recoger la fruta de un árbol?

  a. Desde abajo hacia arriba, y desde la parte exterior hacia el interior.
  b. Desde arriba hacia abajo, y desde la parte interior hacia la parte exterior.
  c. Desde abajo hacia arriba, y desde la parte interior hacia el exterior.
  d. Desde arriba hacia abajo, y quitándole el pedúnculo.

10. De los siguientes frutos, indique cuáles se pueden recoger con la cosechadora barredora para su consumo directo en fresco.

Manzana, pera, castaña, melocotón, almendra, caqui.

Almendra y castaña.

11. ¿Cómo se llama a la etapa que garantizará que un producto estará en óptimas condiciones de ser consumido.

  a. Punto de verificación.
  b. Punto de recepción de control.
  c. Punto óptimo de control.
  d. Punto crítico de control.

12. Indique cuál es el objetivo del preenfriamiento y qué relación tiene con las enfermedades de la fruta.

El preenfriamiento tiene como objetivo prolongar la conservación y la vida comercial del producto, así como reducir el riesgo de la aparición de enfermedades.

13. ¿Para qué sirve el abanico o paraguas en una cosechadora vibradora?

   a. Para hacer vibrar el árbol y que la fruta caiga al suelo.
   b. Para hacer vibrar el árbol y que la fruta caiga en la tolva o batea.
   c. **Para recoger la fruta que cae del árbol.**
   d. Para cargar los sacos llenos de fruta.

14. Agrupe las siguientes medidas preventivas según vayan destinadas a:

   a. **Evitar lesiones musculoesqueléticas.**
   b. **Evitar caídas al mismo o distinto nivel.**

Medidas preventivas:

   <u>a.</u> Realizar descansos periódicos y ejercicios de estiramiento.
   <u>b.</u> Revisar el correcto estado de las escaleras y colocarlas correctamente, bien afianzadas al árbol y al terreno.
   <u>a.</u> No doblar la espalda para subir o bajar cargas, sino flexionando las rodillas
   <u>b.</u> No sobrecargar las cajas y usar medios mecánicos para el transporte de las mismas, siempre que sea posible.

15. Indique los dos tipos de sopladoras que existen dependiendo de cómo sea su motor.

De motor eléctrico o de combustión.

Solucionario Capítulo 2

1. **Indique cómo se conoce también a la cinta transportadora.**

Transportador de banda.

2. **Enumere al menos dos aperos empleados para la carga y descarga de contenedores:**

- Cargador frontal o pala cargadora.
- Horquilla estibadora.
- Grúa trasera.

3. **La transpaleta se usa para:**

    a. Mover pequeñas cantidades de producto, cuando no es viable la entrada de maquinaria agrícola en las zonas de cultivo.
    b. Bajar los contenedores en las zonas de descarga.
    c. Elevar los contenedores en las zonas de carga.
    d. Mover los contenedores en las zonas de carga y descarga.

4. **¿Cómo se llama el dispositivo que sirve para unir el remolque al tractor?**

Enganche

5. **Agrupe los siguientes conceptos:**

    a. Ruedas
    b. Frenos
    c. Ventilación

Con estos otros:

    b. Inspeccionar los conductos y filtros de aire, reemplazar si es necesario.
    c. Verificar la presión y ajustar, según necesidades.
    a. Reemplazar las pastillas en caso necesario.

6. **¿Qué condiciones ambientales pueden controlarse en un remolque carrozado con sistema de refrigeración y calefacción?**

La temperatura, la humedad y la ventilación.

7. **¿Qué medidas preventivas hay que tomar para evitar el atrapamiento por vuelco del remolque?**

    a. Establecer protocolos para iniciar y parar el traslado del remolque.
    b. No acceder al tractor ni al remolque en marcha.
    c. Usar los dispositivos del remolque o tractor específicamente diseñados e instalados para subir o bajar de ellos.
    d. **No circular en terrenos muy irregulares o con pendientes pronunciadas, y distribuir la carga correctamente y bien sujeta.**

8. **De los siguientes elementos, indique cuáles NO se consideran un apero del tractor:**

Grúa trasera, transpaleta, palé, carretilla cargadora, cargador frontal, cinta transportadora.

Transpaleta, palé, carretilla cargadora y cinta transportadora.

9. **Enumere al menos dos requisitos que debe cumplir la carga transportada en un vehículo:**

    ▪ No podrá sobrepasar, en ningún momento, la masa o peso máximo autorizado para el vehículo.
    ▪ No podrá producirse la caída total o parcial de la carga.
    ▪ No podrá desplazarse dentro del remolque o caja.
    ▪ La carga debe estar correctamente sujeta y no debe desestabilizar al vehículo.

10. **Indique en qué elemento o pieza hay que realizar la tarea de mantenimiento: «Verificar el nivel de líquidos, recargar si es necesario».**

    a. **En el sistema de refrigeración / calefacción.**
    b. En el sistema de ventilación.

c. En el enganche.
d. En el evaporador.

11. **Indique de qué manera se pueden usar las cintas transportadoras para mover la fruta en cajas.**

Intervienen dos operarios, uno que carga las cajas y otro que las recoge.

12. **Agrupe los siguientes elementos según pertenezcan a la transpaleta o a la cinta transportadora.**

Rodillos, horquillas, ruedas, tambores, empuñadura, banda continua.

I Transpaleta: horquillas, ruedas y empuñadura.
I Cinta transportadora: banda continua, tambores y rodillos.

13. **Indique la periodicidad con la que hay que verificar el estado de los retenes en la horquilla estibadora y en la transpaleta.**

Diaria

14. **¿Qué es un tractocarro?**

a. Un tractor autopropulsado.
b. Un tractor con remolque.
c. **Un vehículo diseñado para el transporte de material.**
d. Una máquina para trasladar palés y cajas de gran volumen o peso.

15. **Indique, al menos, tres riesgos laborales que corre un operario al trabajar con una cinta transportadora.**

I Atrapamientos.
I Contactos térmicos.
I Golpes por caída de objetos.
I Ruido.
I Lesiones musculoesqueléticas.

Solucionario Capítulo 3

1. **Indique los tipos de drencher que existen:**

   De cadena y de cabina.

2. **Enumere, al menos, dos productos esterilizantes empleados en la limpieza de la fruta mediante el drencher.**

   - Ácido paracético
   - Agua oxigenada
   - Lejía

3. **La lavadora de frutas...**

   a. **... es una máquina que consta de un depósito o tolva, donde la fruta se sumerge en el líquido desinfectante, y se va moviendo mediante una corriente de agua con turbulencias.**
   b. ... es una máquina que consta de un habitáculo cerrado, que proyecta agua, mediante un mecanismo de distintas bombas y dosificadores, por una zona donde pasan los palés con los cajones de fruta.
   c. ... es una máquina que consta de un depósito que proyecta aire frío sobre el líquido donde se encuentran sumergidas las frutas.
   d. ... es una cinta transportadora, por donde la fruta se va moviendo, se proyecta sobre ella aire frío y se pulveriza agua con productos desinfectantes.

4. **Indique la periodicidad con la que hay que lubricar las piezas móviles de los equipos de limpieza.**

   Según necesidades o indicaciones del fabricante.

5. **Agrupe los siguientes conceptos:**

   a. **Tamices y cribas.**
   b. **Ventilación forzada.**
   c. **Cintas o sistemas de evacuación.**

Con estos otros:

 b. Secadora
 a. Descascarilladora
 c. Calibradora

6. **¿Cuántos tipos de calibradores electrónicos existen?**

De células de carga y de análisis de imagen.

7. **¿Qué medidas preventivas hay que tomar para evitar problemas respiratorios provocados por ambientes fríos y húmedos?**

   a. **Utilizar mascarillas y evitar la respiración profunda.**
   b. Mantener las áreas de trabajo limpias, secas y utilizar calzado antideslizante.
   c. Mantener una distancia segura de las partes móviles de la maquinaria de enfriamiento.
   d. Utilizar guantes, mantener una distancia segura con las partes móviles de la maquinaria, verificar el correcto estado de las máquinas y herramientas antes de usarlas, y llevar ropa holgada para evitar el contacto de la misma con la piel.

8. **De las siguientes normas de calidad, indique cuál se conoce «sistemas de gestión ambiental».**

ISO 9001, ISO 14001, ISO 22000, ISO 45001.

ISO 14001.

9. **Enumere al menos dos técnicas de conservación de frutos:**

   ▌ Congelación
   ▌ Envasado al vacío
   ▌ Uso de conservantes
   ▌ Deshidratación

10. Indique en qué consiste la técnica conocida como «desverdizar».

a. **En eliminar el color verde de algunas frutas antes de su venta.**
b. En aumentar la temperatura, la humedad y los niveles de gases de las frutas verdes.
c. En acelerar el proceso de maduración de ciertos productos.
d. En hidratar la fruta cuando todavía está verde.

11. Indique cuál es la composición aproximada del aire.

Un 21 % de oxígeno (O2), un 78 % de nitrógeno (N) y el resto (1 %) está formado por dióxido de carbono (CO2) y otros gases.

12. Agrupe los siguientes conceptos:

a. **Célula de carga.**
b. **Trazabilidad.**
c. **Seguridad alimentaria.**

Con estos otros:

b. Origen y destino.
c. ISO 22000.
a. Calibrador electrónico.

13. Indique la diferencia fundamental entre un almacén frigorífico y una cámara modular:

El almacén es una instalación fija y la cámara modular es una estructura desmontable.

14. ¿Con qué frecuencia hay que sustituir los burletes de una instalación para el almacenamiento en frío?

a. **Según necesidades.**
b. Semanalmente.
c. Una vez al año o cuando lo aconseje el fabricante.
d. Trimestralmente.

15. **Indique al menos dos riesgos laborales que corre un operario al trabajar en cámaras frigoríficas o de atmósfera controlada.**

   ▌ Problemas respiratorios.
   ▌ Congelaciones.
   ▌ Caídas y resbalones.

Solucionario 6

Determinación del estado sanitario de las plantas, suelo e instalaciones y elección de los métodos de control

Solucionario Capítulo 1

1. El oídio es un...

   a. ... virus.
   b. ... hongo.
   c. ... insecto.
   d. ... bacteria.

2. ¿Cuál de estos agentes parasitarios no es un insecto?

   a. Nematodo.
   b. Mosca blanca.
   c. Pulgón.
   d. Picudo rojo.

3. ¿Qué tipo de boca tiene la langosta?

   a. Chupadora.
   b. Lamedora.
   c. Masticadora.
   d. Picadora.

4. ¿A qué llamamos daños parasitarios?

   a. A los provocados por las deficiencias de nitrógeno.
   b. A los daños por sequía.
   c. A los que provoca un ser vivo.
   d. Todas las respuestas anteriores son correctas.

5. ¿En qué fase de su vida es más dañino un insecto?

   a. Como larva.
   b. Como adulto.
   c. Como huevo.
   d. Es dañino siempre de igual forma.

6. **Señale cuál de los siguientes es un virus:**

    a. Cuscuta.
    b. Trips.
    c. Mosaico del tomate.
    d. Mildiu.

7. **Un hongo se reproduce por...**

    a. ... huevos.
    b. ... partenogénesis.
    c. ... esporas.
    d. ... tallos.

8. **La larva de un insecto está en una fase en la que...**

    a. ... tiene actividad reproductora.
    b. ... vuela de un cultivo a otro.
    c. ... su aspecto es de gusano y come vorazmente.
    d. Todas las respuestas anteriores son correctas.

9. **¿Qué otro nombre se le da a las "malas hierbas"?**

    a. Plaga.
    b. Fisiopatías.
    c. Factores abióticos.
    d. Adventicias.

10. **Las trampas tipo funnel sirven para....**

    a. ... el muestreo.
    b. ... la eliminación de plagas.
    c. ... capturar insectos voladores.
    d. Las respuestas a y c son correctas.

Solucionario Capítulo 2

1. ¿Cuál de las siguientes afirmaciones no es cierta?

   a. El control químico de plagas es poco efectivo.
   b. La lucha química desequilibra el medioambiente.
   c. El uso de plaguicidas químicos hace resistentes a los insectos.
   d. Los plaguicidas químicos pueden dejar residuos en los alimentos.

2. La solarización de suelo sirve para...

   a. ... evitar la erosión.
   b. ... desinfectar el suelo.
   c. ... mantener el nivel de materia orgánica.
   d. ... aumentar la producción.

3. ¿Cuál de las siguientes afirmaciones sobre la lucha biológica es cierta?

   a. Pueden aparecer residuos tóxicos.
   b. No contamina el medioambiente.
   c. Es un método directo de control de plagas
   d. Las respuestas b y c son correctas.

4. Los métodos de desinfección química del suelo son:

   a. Poco eficaces.
   b. Muy agresivos con el medioambiente.
   c. Un método barato.
   d. Ninguna es cierta.

5. El control integrado de plagas...

   a. ... no respeta el medioambiente.
   b. ... es un método en desuso.
   c. ... integra todas las medidas de control de plagas.
   d. ... no usa plaguicidas químicos.

6. **El pasaporte fitosanitario...**

   a. ... es obligatorio para todos los agricultores.
   b. ... se solicita para plantar algunas variedades.
   c. **... es un documento de identificación del vegetal.**
   d. ... se usa como método de control directo.

7. **La Ley de Sanidad Vegetal regula, entre otras,...**

   a. ... la circulación del material vegetal por el estado español.
   b. ... el régimen de inspección y control del material vegetal.
   c. ... la declaración de plagas de cuarentena.
   d. **Todas son ciertas.**

8. **La mejora genética vegetal es:**

   a. Un método que manipula los genes.
   b. **Un método que el agricultor ha usado desde la antigüedad.**
   c. Un transgénico.
   d. La mejora de las técnicas de cultivo.

9. **La doble puerta en los invernaderos tiene su fundamento en que...**

   a. ... mantiene la temperatura interior.
   b. **... protege contra la penetración de plagas.**
   c. ... evita corrientes.
   d. ... no permite la entrada a personal no autorizado.

10. **El acolchado es una medida de control que favorece...**

   a. ... la aparición de plagas.
   b. **... la conservación de la humedad del suelo.**
   c. ... la aparición de malas hierbas.
   d. Todas son ciertas.

 Solucionario Capítulo 3

1. ¿Cómo se denominan los productos que al ser aplicados se incorporan a la savia de la planta?

    a. Sistémicos.
    b. Penetrantes.
    c. Superficiales.
    d. Atrayentes.

2. El tiempo que ha de transcurrir entre la última aplicación de un fitosanitario y la recolección se llama...

    a. ... límite máximo de residuos.
    b. ... plazo de seguridad.
    c. ... fitotoxicidad.
    d. ... acción de choque.

3. Cuando un producto fitosanitario es comido por una plaga decimos que actúa por...

    a. ... contacto.
    b. ... ingestión.
    c. ... colapso.
    d. Todas las respuestas son ciertas.

4. Cuando un fitosanitario actúa sobre un parásito en concreto se le denomina...

    a. ... muy tóxico.
    b. ... de amplio espectro.
    c. ... selectivo.
    d. ... objetivo.

5. Aquellos plaguicidas que por inhalación, ingestión o penetración cutánea puedan entrañar riesgos graves, agudos o crónicos e incluso la muerte, se denominan...

    a. ... inocuos.
    b. ... tóxicos.
    c. ... nocivos.
    d. ... muy tóxicos.

6. **¿Cuál de estas frases no es correcta? En las etiquetas de los fitosanitarios debe aparecer...**

    a. ... el antídoto y las recomendaciones del médico.
    b. **... la indicación de que no es peligroso para la salud.**
    c. ... el plazo de seguridad.
    d. ... los usos para los que está autorizado.

7. **Antes de utilizar un fitosanitario debemos...**

    a. ... conocer la normativa jurídica que lo regula.
    b. **... leer la etiqueta y seguir las recomendaciones.**
    c. ... aplicar sin ningún problema.
    d. Ninguna de las respuestas es cierta.

8. **Los símbolos e indicaciones de la etiqueta deberán ser en forma de rombo con...**

    a. ... un marco azul sobre fondo amarillo.
    b. **... un marco rojo, símbolo negro sobre fondo blanco.**
    c. ... un marco negro sobre fondo verde-claro.
    d. No es obligatorio que se vea.

9. **El DDT es un insecticida...**

    a. ... piretroide.
    b. **... organoclorado.**
    c. ... organofosforado.
    d. ... natural.

10. **La cantidad mínima de producto necesaria para producir la muerte del 50 % de las ratas de estudio en laboratorio se llama...**

    a. ... RAT50.
    b. ... dosis muy tóxica.
    c. **... DL50.**
    d. ... veneno.

Solucionario 7

Aplicación de métodos de control fitosanitarios en plantas, suelo e instalaciones

Solucionario Capítulo 1

1. Sobrepasar las dosis recomendadas por el fabricante...

    a. ... asegura un mejor funcionamiento del tratamiento.
    b. ... no causará fitotoxicidad a la planta.
    c. ... causará problemas de residuos y fitotoxicidad.
    d. ... disminuye los costes del tratamiento.

2. Debemos hacer una aplicación de plaguicida con una concentración del 0,5 %. Si nuestro depósito es de 1000 l, ¿qué cantidad de producto emplearemos?

    a. Un poco más de la dosis recomendada en la etiqueta.
    b. 0,5 kilos.
    c. La que crea conveniente.
    d. 5 kilos.

3. La eliminación de envases debe hacerse siguiendo el principio de las 3 "R", reducir, reutilizar y...

    a. ... recircular.
    b. ... reciclar.
    c. ... recolocar.
    d. ... retirar.

4. Para preparar 500 l de caldo de un fitosanitario cuya dosis recomendada es de 2 g/l, necesitaremos...

    a. ... 100 g.
    b. ... 10.000 g.
    c. ... 1 kg.
    d. ... 0,1 kg.

5. **En caso de duda a la hora de calcular la dosis a aplicar, ...**

    a. **... solicitaremos asesoramiento técnico.**
    b. ... seguiremos nuestro propio criterio.
    c. ... añadiremos más para asegurarnos de que funciona.
    d. ... no tiene importancia.

6. **Indique si las siguientes afirmaciones son verdaderas o falsas.**

    a. Las boquilla de cono son las adecuadas para la aplicación de herbicidas.

        ☐ Verdadero
        ☑ **Falso**

    b. Siempre realizaremos el tratamiento de cara al viento y adentrándonos en la nube de producto aplicado.

        ☐ Verdadero
        ☑ **Falso**

7. **Complete los siguientes textos.**

    a. El **atomizador** es la máquina más utilizada para realizar **tratamientos** fitosanitarios, su funcionamiento se basa en elevar la presión de un líquido y hacerlo salir a través de un orificio llamado **boquilla**, consiguiendo por la diferencia de presión creada, la rotura de la vena líquida y su salida en forma de finísimas **gotas.**

    b. Para la **aplicación** correcta y segura de un producto fitosanitario se deben tener en cuenta unas normas básicas de **procedimiento**, como seguir de forma estricta las **instrucciones** de uso del fabricante, proveerse del equipo de **protección** adecuado, utilizar productos debidamente etiquetados y precintados, y no comprar nunca dichos productos a **granel.**

8. Relacione los siguientes elementos.

> a. Pulverizador.
> b. Espolvoreador.
> c. Fumigador.

> **b**. Polvos para espolvoreo.
> **a**. Polvos mojables.
> **c**. Tabletas para combustión.

9. Enumere cinco presentaciones de productos fitosanitarios que se empleen en forma de pulverización.

> ▌ Gránulos dispersables.
> ▌ Bolsas hidrosolubles.
> ▌ Polvos solubles.
> ▌ Concentrado soluble
> ▌ Polvos mojables.

10. ¿En qué lugar o máquina se colocan los nebulizadores?

En lugares cerrados como invernaderos, semilleros y estructuras similares.

Solucionario Capítulo 2

1. **Señale si es verdadera o falsa la siguiente afirmación:**

   Las intoxicaciones agudas son aquellas que aparecen a lo largo de un dilatado periodo de tiempo de exposiciones repetidas a los fitosanitarios.

   ☐ Verdadero
   ☑ **Falso**

2. **El riesgo para la salud derivado del empleo de fitosanitarios depende de...**

   a. ... el grado de toxicidad del fitosanitario.
   b. ... el nivel de exposición del operario.
   c. ... el tiempo de contacto con el contaminante.
   d. **Todas las opciones son correctas.**

3. **Enumere los tres pasos de la conducta PAS y descríbalos brevemente.**

   ▌ Proteger al intoxicado, apartándolo del lugar contaminado.
   ▌ Socorrer mientras acuden los servicios sanitarios.
   ▌ Alertar a los servicios de emergencia o bien acudir al hospital más cercano, teniendo a mano la etiqueta del producto que originó la intoxicación y explicando la gravedad de la misma y la vía de entrada del producto (vías respiratorias, piel, etc.).

4. **Complete la siguiente frase:**

   Uno de los factores decisivos a la hora de determinar el nivel de **peligrosidad** de un producto fitosanitario es su **toxicidad**, es decir, el grado en que pueden causar **envenenamiento** a los seres vivos.

5. **Relacione los siguientes elementos.**

   a. Traje protección.
   b. Gafas y pantallas.
   c. Botas.
   d. Guantes.
   e. Máscara con filtros.

e. Vías respiratorias.

c. Pies.

b. Ojos.

d. Manos.

a. Cuerpo.

6. **Señale si es verdadera o falsa la siguiente afirmación:**

No es necesario que los equipos de protección lleven la marca CE si se los compramos a alguien de confianza.

☐ Verdadero

☑ **Falso**

7. **En caso de utilizar un fitosanitario que provoca vapores inorgánicos, utilizaré un filtro...**

a. ... A con etiqueta de color marrón.

b. ... B con etiqueta de color marrón.

c. **... B con etiqueta de color gris.**

d. ... E con etiqueta amarilla.

8. **Complete la siguiente frase:**

Si el intoxicado sufre una parada **cardiorrespiratoria**, se le practicará rápidamente una **RCP** (reanimación cardiopulmonar), que asegura la **oxigenación** de los órganos vitales.

9. **Explique brevemente los dos riesgos principales para el medio ambiente derivados de la utilización de fitosanitarios.**

a. Contaminación del medio: tanto del agua, como del suelo y el aire.

b. Consecuencias negativas para los seres vivos que lo habitan (intoxicaciones, desequilibrio ecosistemas, muertes...).

10. **Complete la siguiente frase:**

Se entiende por **fauna** auxiliar, aquella que está presente en nuestra **zona** y que nos **ayuda** a controlar las plagas y enfermedades de nuestros **vegetales**.

Solucionario Capítulo 3

1. **Complete el siguiente párrafo:**

   Cualquier **actividad** laboral lleva aparejados una serie de **riesgos** para la salud de los trabajadores que la desempeñan. La mejora de las condiciones de trabajo y minimizar o erradicar los **accidentes** y enfermedades laborales, hacen de la **prevención** una parte fundamental en la **planificación** de cualquier tarea.

2. **Enumere tres obligaciones del empresario en materia de prevención.**

   - Elegir adecuadamente los equipos de protección y métodos de trabajo para sus empleados.
   - Planificar la prevención.
   - Sustituir los elementos peligrosos y tener en cuenta las evoluciones técnicas.

3. **La utilización de los equipos de protección individual por parte de los operarios es opcional.**

   - ☐ Verdadero
   - ☑ **Falso**

4. **La Ley de Sanidad Vegetal establece...**

   a. ... el régimen de cotización de los trabajadores agrícolas.
   b. **... los medios de defensa fitosanitaria.**
   c. Las opciones a y b son correctas.
   d. Ninguna de las opciones es correcta.

5. **Enumere tres obligaciones del trabajador en materia de prevención.**

   - Utilizar correctamente los dispositivos de seguridad.
   - Informar a los superiores y al resto de trabajadores de posibles riesgos.
   - Usar adecuadamente sus equipos de trabajo y protección.

6. **Complete la siguiente frase:**

Es requisito **imprescindible** para comercializar plaguicidas **tóxicos** o **muy tóxicos** regis-
trar cada operación comercial en un Libro Oficial de Movimientos (LOM), advirtiendo al
comprador sobre su **responsabilidad** en la adecuada manipulación de estos productos.

7. **Relacione los siguientes elementos.**

    a. Personal Auxiliar comercialización.
    b. Responsable tratamiento.
    c. Productos tóxicos y muy tóxicos.
    d. Piloto helicóptero.

    b. Carné nivel cualificado.
    a. Carné nivel básico.
    d. Carné nivel aplicador.
    c. Carné fumigador.

8. **Es competencia de los inspectores fitosanitarios exigir al inspeccionado información
   y presentación de documentos comprobatorios.**

    ☑ **Verdadero**
    ☐ Falso

9. **Las sanciones se gradúan en función de...**

    a. ... el daño ocasionado.
    b. ... la reincidencia en la infracción.
    c. ... la intencionalidad.
    d. Todas las opciones son correctas.

10. **Complete la siguiente frase:**

La **Seguridad Social** es un sistema de protección que se nutre de las **contribuciones**
aportadas por los **trabajadores** y los **empresarios**.

Solucionario 8
Instalaciones, su acondicionamiento, limpieza y desinfección

Solucionario Bloque 1 Capítulo 1

1. La horticultura es un sistema agrícola que se caracteriza, entre otras cosas, por:

    a. Poca inversión y especializada mano de obra.
    b. Utilizar técnicas costosas y especializada mano de obra.
    c. No necesitar medidas de conservación tras su recolección.
    d. Al igual que los herbáceos, necesitar grandes superficies.

2. El "efecto invernadero" es debido principalmente a...

    a. ... los gases emitidos por los invernaderos.
    b. ... las altas concentraciones de CO_2 en la atmósfera.
    c. ... la incidencia directa de los rayos ultravioletas (UV).
    d. ... la radiación de onda corta.

3. Los sistemas de semiforzados son:

    a. Aquellos que requieren de un invernadero.
    b. Aquellos que se mantienen a lo largo del ciclo de una cosecha.
    c. Los que se utilizan solamente en algunas fases del cultivo.
    d. Los que no utilizan técnicas para modificar los componentes climáticos.

4. Los plásticos más utilizados en los acolchados son:

    a. Polietileno (PE) y cloruro de polivinilo (PVC).
    b. Etilen-Vinil-Acetato (EVA) y polietileno (PE).
    c. Cloruro de polivinilo (PVC) y poliester.
    d. Polietileno (PE) y poliester.

5. Seleccione si las siguiente afirmaciones son verdaderas o falsas:

    a. Los plásticos de color negro en acolchados aumentan el rendimiento y la precocidad.

        ☐ Verdadero
        ☑ **Falso**

b. En la construcción de los túneles siempre se utilizan plásticos transparentes.

☑ **Verdadero**
☐ Falso

c. En los invernaderos con techumbre curvada solo se pueden utilizar en la cubierta materiales flexibles.

☑ **Verdadero**
☐ Falso

d. Conocer las condiciones climáticas de temperaturas máx. y min., heladas y luminosidad potencial es importante para saber dónde ubicar un invernadero.

☑ **Verdadero**
☐ Falso

6. **Complete los huecos en las siguientes definiciones:**

a. En un acolchado si el plástico es transparente primero **sembramos**, cuando las semillas germinen se le aplica **herbicida** entre calles y luego se realiza el acolchado. Una vez que la planta toque el plástico, se perfora la lámina para que la planta emerja y se vaya acostumbrando a estar en una situación menos favorable, fuera del **plástico**.

b. El sistema "cooling" consiste en colocar en una de las paredes del invernadero una pared **porosa** humedecida permanentemente y en la pared opuesta un **extractor**. El objetivo es crear una "depresión" y forzar que entre **aire** en el interior del invernadero por la pared porosa.

Solucionario Bloque 1 Capítulo 2

1. **La tensión nominal de una explotación hortícola es siempre...**

    a. **... de 230/400 V.**
    b. ... de media tensión.
    c. ... monofásica.
    d. ... de 130/400 V.

2. **En un circuito de una máquina...**

    a. ... cada máquina irá conectada solo a circuitos trifásicos.
    b. ... pueden conectarse varias máquinas a un solo circuito.
    c. ... también pueden conectarse a tomas de fuerza.
    d. **... cada máquina estará conectada a un circuito independiente.**

3. **Con respecto a la calidad del agua utilizada para el riego,...**

    a. ... la toxicidad está causada principalmente por la presencia en el agua de elementos como el potasio (K).
    b. ... una alta concentración de sodio (Na) en el agua puede afectar negativamente en la textura del suelo.
    c. **... para evaluar el contenido de sales de un suelo se calcula la conductividad eléctrica.**
    d. ... un agua con un pH 11 se dice que es ligeramente ácida.

4. **Es objetivo de una programación de riego...**

    a. ... maximizar la producción de materia seca.
    b. **... mejorar la calidad de los productos.**
    c. ... lavar con frecuencia el suelo para eliminar excesivos nutrientes.
    d. ... aumentar la cantidad de nitrógeno en el suelo.

5. **Indique si las siguientes afirmaciones son verdaderas o falsas.**

    a. La potencia reactiva (Q) no proporciona ningún tipo de trabajo útil.

        ☑ **Verdadero**
        ☐ Falso

b. El voltiamperio es la unidad de medida de la potencia activa.

    ☐ Verdadero
    ☑ **Falso**

c. El coeficiente de cultivo (Kc) depende del estado productivo de la planta.

    ☐ Verdadero
    ☑ **Falso**

d. La eficiencia de riego no afecta al cálculo de las necesidades netas de agua de un cultivo.

    ☑ **Verdadero**
    ☐ Falso

6. **De las siguientes definiciones, complete los huecos:**

a. La potencia **total** demandada en una instalación se calculará mediante el sumatorio de las potencias individuales de cada uno de los elementos que demanden energía eléctrica (alumbrado, **tomas de fuerza** y **máquinas**). Pero para el cálculo es necesario conocer los **dos** tipos de potencias y la resultante de la relación entre ellas.

b. Para calcular las **necesidades** reales (brutas) de agua que necesita un cultivo se tendrá en cuenta la eficiencia de riego y el agua de riego para producir la **lixiviación** (necesidades de lavado).

Solucionario Bloque 1 Capítulo 3

1. **Por lo general, las bombas hidráulicas actúan en dos fases. ¿Cuáles son?**

    a. **Rotación y bombeo.**
    b. Aspiración e impulsión.
    c. Potencia y rendimiento.
    d. Rotación e impulsión.

2. **Las secciones más comunes en conducciones abiertas son:**

    a. Rectangular y trapecial.
    b. Rectangular, cuadradas y trapecial.
    c. **Rectangular, semicircular y trapecial.**
    d. Semicircular.

3. **Los filtros más utilizados en las instalaciones de riego son:**

    a. **De mallas y de anillas.**
    b. De anillas y de arena.
    c. De prefiltrado y de arena.
    d. De arena y de mallas.

4. **El caudal de un aspersor está relacionado con...**

    a. ... la pulverización.
    b. ... el alcance.
    c. ... la inclinación de la boquilla y la presión de funcionamiento.
    d. **... el diámetro de la boquilla y la presión de funcionamiento.**

5. **Indique si las siguientes afirmaciones son verdaderas o falsas.**

    a. Las tuberías que mejor se adaptan al exterior son las de PVC.

        ☐ Verdadero
        ☑ **Falso**

b. Para el mantenimiento de un equipo de filtrado fuera del periodo de riego es conveniente dejarlo completamente vacío de agua.

☑ **Verdadero**
☐ Falso

c. Los goteros autocompensables son aquellos que mantienen el caudal aproximadamente constante, aunque varíe la presión de entrada dentro de un determinado rango de presiones.

☑ **Verdadero**
☐ Falso

d. Los reguladores de presión se usan para dejar pasar un caudal determinado.

☐ Verdadero
☑ **Falso**

6. **Complete los huecos de las siguientes definiciones:**

a. Un equipo de filtrado es un elemento clave en la instalación de un sistema de riego, principalmente en **riego localizado**, debido al reducido caudal de los emisores, su estrecho diámetro de paso y la baja **velocidad** de circulación, uno de los mayores problemas del riego localizado es la **obstrucción** de estos emisores, producida por diferentes materiales que van reduciendo progresivamente el paso del agua.

b. Las válvulas permiten **controlar** el paso de agua en una tubería, abriendo, cerrando o dejando un paso intermedio de agua. Normalmente se clasifican según el tipo de accionamiento: **manual** o **automática**.

Solucionario Bloque 1 Capítulo 4

1. La tensión nominal de una línea de media tensión es de...

   a. ... 127 – 400 V.
   b. ... 1000 – 20000 V.
   c. ... 2000 - 20000 V.
   d. ... 3000 – 20000 V.

2. La resistencia de un conductor depende de...

   a. ... la resistividad, el material y la longitud.
   b. ... la longitud y la sección.
   c. ... la resistividad, la sección y la longitud.
   d. ... si es un circuito monofásico o trifásico.

3. Es objetivo de los sistemas de protección contra contactos indirectos...

   a. ... favorecer la manifestación de los defectos mediante asilamientos complementarios.
   b. ... recubrir las partes activas de la instalación.
   c. ... convertir el contacto en inocuo, utilizando tensiones bajas o bien limitando la intensidad de fuga.
   d. ... no limitar la duración del efecto con dispositivos automáticos de corte.

4. Un equipo de protección contra defectos de aislamiento es:

   a. Un diferencial.
   b. Un magnetotérmico.
   c. Un fusible.
   d. Un relé térmico.

5. Indique si las siguientes afirmaciones son verdaderas o falsas.

   a. Los cálculos y condiciones a que deben ajustarse los proyectos y la ejecución de estas redes están fijados en las instrucciones complementarias 06, 07 y 08 del Reglamento Electrotécnico para Baja Tensión.

      ☑ **Verdadero**
      ☐ Falso

b. Un conductor es un elemento capaz de transportar la energía eléctrica ofreciendo alta resistencia.

☐ Verdadero
☑ **Falso**

c. Un circuito monofásico está formado por dos conductores de fase.

☐ Verdadero
☑ **Falso**

d. Verificar la ausencia de tensión es una regla de trabajo a tener en cuenta antes de proceder a la sustitución o manipulación de cualquier elemento eléctrico.

☑ **Verdadero**
☐ Falso

6. **De las siguientes definiciones, complete los huecos:**

a. Las pinzas **amperimétricas** miden la intensidad con un transformador, el primario es la línea por donde pasa la **intensidad** que queremos medir; esta crea un campo magnético que induce una **resistencia** en el secundario de la pinza.

b. El interruptor **diferencial** es un dispositivo con capacidad para detectar y eliminar los defectos de **aislamiento** en los circuitos. Cuando se produce un defecto de aislamiento, puede haber una corriente de defecto a **tierra** a través de un contacto humano.

Solucionario Bloque 1 Capítulo 5

1. **Los ventiladores más utilizados en las instalaciones agrícolas son:**

   a. Axiales.
   b. Helicoidales.
   c. Axiales y helicoidales.
   d. Ninguno.

2. **El sistema "Fog" (nebulizadores), en una instalación agrícola se utiliza para...**

   a. ... aumentar la ventilación.
   b. ... aumentar la temperatura humedeciendo el ambiente.
   c. ... disminuir la temperatura humedeciendo el ambiente.
   d. ... crear una convección artificial.

3. **Indique si las siguientes afirmaciones son verdaderas o falsas:**

   a. La ventilación estática o natural es un sistema que no utiliza medios mecánicos y, por tanto, no consume energía.

      ☑ **Verdadero**
      ☐ Falso

   b. Se recomienda que la distancia entre los ventiladores extractores no deba exceder los 5 metros.

      ☐ Verdadero
      ☑ **Falso**

4. **Complete los huecos de las siguientes definiciones:**

   En las instalaciones agrarias se debe generar un mínimo **caudal** de **renovación** de aire para asegurar un ambiente adecuado a los mismos, en cuanto a temperatura, humedad, eliminación de gases productos tóxicos, y ello se puede conseguir con un adecuado diseño del edificio, de forma que favorezca la **ventilación** interior.

Solucionario Bloque 1 Capítulo 6

1. **Los silos de grano son instalaciones de almacenamiento que se caracterizan por:**

   a. Almacenar forraje.
   b. Estar construidos mediante estructura de hormigón.
   c. Almacenar productos perecederos y voluminosos.
   d. **Almacenar grandes cantidades de grano en una superficie reducida y un bajo coste de ejecución.**

2. **Las cámaras frigoríficas almacenan y conservan principalmente productos como...**

   a. **... frutas y hortalizas.**
   b. ... cereales y forraje.
   c. ... maquinaria.
   d. No conservan ningún producto.

3. **Indique si las siguientes afirmaciones son verdaderas o falsas.**

   a. El túnel de preenfriamiento es un sistema de preenfriamiento por corriente de aire.

      ☑ **Verdadero**
      ☐ Falso

   b. El silo almiar es un tipo de silo vertical para grano.

      ☐ Verdadero
      ☑ **Falso**

4. **Complete los huecos de la siguiente definición:**

   En función del carácter **perecedero** de los cultivos, estos tendrán que ser manipulados mediante técnicas de postrecolección, principalmente con **enfriamiento**. Productos como las **frutas** y las **hortalizas** necesitan estas técnicas para que lleguen a todos los puntos de consumo de la mejor forma posible.

Solucionario Bloque 1 Capítulo 7

1. **Para llevar a cabo la correcta limpieza de un instalación, se recomienda...**

   a. ... contratar a una empresa especializada.
   b. ... tener un equipo de limpieza.
   c. ... realizar un plan organizativo del proceso.
   d. ... realizar unas jornadas organizativas del proceso.

2. **Para la gestión de los residuos sólidos, se recomienda utilizar...**

   a. ... fregonas.
   b. ... barredoras.
   c. ... máquinas de vapor.
   d. ... aspiradoras.

3. **Las barredoras-hileradoras...**

   a. ... transportan los residuos sólidos.
   b. ... agrupan los residuos sólidos dispersos.
   c. ... eliminan los residuos líquidos.
   d. ... recogen los residuos.

4. **El compost es un proceso de descomposición biológica de elementos como...**

   a. ... envases.
   b. ... aguas de limpieza.
   c. ... cenizas.
   d. ... restos de poda y basura orgánica.

5. **Indique si la siguiente afirmación es verdadera o falsa:**

   a. Los remolques son elementos de las instalaciones agrícolas que facilitan la recogida de residuos.

   ☑ **Verdadero**
   ☐ Falso

b. El filtro y el manómetro son elementos de un pulverizador.

☑ **Verdadero**
☐ Falso

c. Las boquillas de los pulverizadores son los elementos encargados de regular la presión de aplicación de un producto.

☐ Verdadero
☑ **Falso**

d. La incineración es la práctica más extendida para la eliminación de residuos.

☐ Verdadero
☑ **Falso**

6. **Complete los huecos de las siguientes definiciones:**

a. Los equipos y materiales de **limpieza** requieren de una adecuada **calibración,** regulación y limpieza para realizar correctamente las aplicaciones, de manera que se consiga una mayor eficacia del producto, una reducción del tiempo necesario para la **aplicación** y una disminución de los riegos inherentes a la aplicación.

b. Para la correcta realización de los tratamientos de limpieza y **desinfección** es fundamental que la máquina que aplica los productos lo haga de la manera más **homogénea** posible. Esto será posible si se dispone de máquinas revisadas por personal **cualificado** que conozca su estructura, manejo y regulación, y que estén en adecuado estado de limpieza y mantenimiento.

Solucionario Bloque 2 Capítulo 1

1. **Para llevar a cabo la correcta limpieza de una instalación, se recomienda...**

   a. ... subcontratar a una empresa de limpieza de instalaciones agrícolas.
   b. ... realizar un plan organizativo del proceso de limpieza.
   c. ... formar a los trabajadores en temas de prevención de riesgos laborales.
   d. ... subcontratar a personal cualificado.

2. **Para que un insecticida o acaricida tenga buenas propiedades, debe cumplir...**

   a. ... que el tiempo de actuación sea el mayor posible.
   b. ... que la temperatura de aplicación sea la recomendada.
   c. ... que no tenga estabilidad físico-química, pero sí prolongado periodo de eficacia.
   d. ... que sea eficaz en todos los estados de desarrollo del insecto (larvas, ninfas o adultos).

3. **Indique si las siguientes afirmaciones son verdaderas o falsas:**

   a. A los productos que se utilizan para realizar los "tratamientos" de limpieza, desinfección, desinsectación y desratización se les denomina "fitosanitario".

   ☐ Verdadero
   ☑ **Falso**

   b. La nebulización consiste en la proyección de gotas de pequeño tamaño >100 micras.

   ☐ Verdadero
   ☑ **Falso**

4. **Complete los huecos de la siguiente definición:**

   Una buena alternativa a la utilización de insecticidas y **acaricidas** es la combinación de métodos, químicos, biológicos o culturales para mantener las **poblaciones** por debajo de un nivel económico de daño, es lo que llamamos lucha **integrada**.

Solucionario Bloque 2 Capítulo 2

1. **Un cuadro general de mando y protección se revisará cada...**

    a. ... 2 años.
    b. ... 4 años.
    c. ... 5 años.
    d. ... 10 años.

2. **La toxicidad se refiere a la presencia en el agua de riego de elementos como...**

    a. ... potasio, boro, sodio.
    b. ... boro, cloro, sodio.
    c. ... cloro, bromo, sodio.
    d. ... hierro, cloro, sodio.

3. **Indique si la siguiente afirmación es verdadera o falsa:**

    a. Gran parte de los nutrientes para las plantas se encuentran en el suelo en forma de abono que, disueltos en el agua que éste contiene, pueden ser absorbidas por las raíces.

        ☑ **Verdadero**
        ☐ Falso

Solucionario Bloque 2 Capítulo 3

1. **Los métodos físicos para desinfectar el suelo en horticultura consiste en...**

   a. ... la aplicación de enmiendas orgánicas.
   b. ... la aplicación de biocidas.
   c. **... la acción de calor en el suelo como fuente de lucha contra el patógeno.**
   d. ... esperar un plazo de seguridad hasta la siembra.

2. **El descarche en cámaras frigoríficas...**

   a. **... es la eliminación del hielo formado en los evaporadores.**
   b. ... es una técnica de preenfriamiento.
   c. ... es un método de desinfección.
   d. Ninguna de las anteriores respuestas es correcta.

3. **Indique si las siguientes afirmaciones son verdaderas o falsas.**

   a. Las altas temperaturas y el exceso de humedad son las dos condiciones propicias para el desarrollo de insectos y microbios.

   ☑ **Verdadero**
   ☐ Falso

   b. El sistema de ventilación más utilizado en instalaciones lecheras es el estático.

   ☑ **Verdadero**
   ☐ Falso

4. **Rellene los huecos de la siguiente definición:**

   Los cereales y las leguminosas son semillas que se caracterizan por su bajo contenido de **humedad.** Antes de almacenarlos en los graneros o silos se han de limpiar y **desinfectar,** ya que pueden existir insectos que tras la recolección vienen mezclados con los granos, y pueden **desarrollarse** dentro del almacén.

Solucionario Bloque 3 Capítulo 1

1. **En referencia a los riesgos laborales,...**

    a. ... son las consecuencias negativas que actúan sobre la salud o integridad física del trabajador.

    b. ... son consecuencias negativas que interrumpen un proceso de trabajo.

    c. **... son producidos por una serie de factores negativos que originan situaciones potencialmente peligrosas.**

    d. ... es un suceso no esperado ni deseado que puede ocasionar daños.

2. **Con respecto al riesgo de golpes/cortes por objetos y herramientas que pueden producirse en un taller, se recomienda...**

    a. ... mantener la espalda recta, sin giros ni inclinaciones.

    b. ... no llevar ropas o pelo suelto.

    c. ... utilizar gafas de seguridad o pantallas faciales de protección, con marcado CE.

    d. **... utilizar guantes de seguridad, con marcado CE.**

3. **Indique si las siguientes afirmaciones son verdaderas o falsas.**

    a. La seguridad en el trabajo es la ciencia preventiva que incorpora todas las técnicas necesarias para acoplar el trabajo y el puesto de trabajo al hombre, en lugar de adaptarse el trabajador al trabajo.

        ☑ **Verdadera**
        ☐ Falsa

    b. Las cinco reglas de oro de la seguridad es una medida de prevención y protección frente a riegos en instalaciones frigoríficas.

        ☐ Verdadera
        ☑ **Falsa**

4. **Rellene los huecos de la siguiente definición:**

    Las señales de salvamento proporcionan indicaciones relativas a las **salidas de socorro**, a los primeros auxilios o a los dispositivos de **salvamento**. Tienen forma cuadrada o rectangular, y pictograma **blanco** sobre fondo **verde**.

Solucionario Bloque 3 Capítulo 2

1. **De los siguientes elementos, ¿cuál no es un Equipo de Protección Individual?**

   a. Mascarilla respiratoria de filtro para humos de soldadura.
   b. Una bata de un laboratorio.
   c. Guantes dieléctricos.
   d. Calzado de protección con suela antiperforante.

2. **Los principales riesgos de seguridad que se pretenden cubrir un casco de seguridad son:**

   a. Atrapamientos, golpes, proyecciones y afecciones en la piel.
   b. Caídas de objetos, golpes, proyecciones y riesgos eléctricos.
   c. Aplastamientos, golpes, proyecciones y riesgos eléctricos.
   d. Ruidos, golpes, proyecciones y afecciones en la piel.

3. **Señale si las siguientes afirmaciones son verdaderas o falsas.**

   a. El marcado CE es obligatorio en todos los EPI, excepto en los destinados a la protección de las manos.

   ☐ Verdadera
   ☑ **Falsa**

   b. El empresario es el encargado de la elección de los EPI adecuados.

   ☑ **Verdadera**
   ☐ Falsa

4. **Complete los huecos del siguiente texto.**

   Los equipos de protección **respiratoria** son equipos de protección individual de las vías respiratorias en los que la protección contra los **contaminantes** aerotransportados se obtiene reduciendo la concentración de estos en la zona de **inhalación** por debajo de los niveles de exposición recomendados.

Solucionario Bloque 3 Capítulo 3

1. **De los siguientes elementos, ¿cual no es un residuo agrícola?**

   a. Cajas de madera para el envasado de frutos.
   b. Agua precedente de la fertirrigación.
   c. Semillas.
   d. Restos de poda.

2. **En Andalucía, la ley vigente de prevención ambiental es la...**

   a. ... Ley 7/2007 de Gestión Integrada de la Calidad Ambiental.
   b. ... Ley 7/1994 de Prevención Ambiental.
   c. ... Ley 11/1997, de envases y residuos de envases.
   d. No está regulada.

3. **Señale si las siguientes afirmaciones son verdaderas o falsas.**

   a. El compostaje o "composting" es el proceso químico, en el que los micro-organismos actúan sobre la materia biodegradable.

   ☐ Verdadera
   ☑ **Falsa**

   b. La normativa europea que regula la producción y etiquetado de los productos ecológicos es el Reglamento 1235/2008.

   ☐ Verdadera
   ☑ **Falsa**

4. **Complete el siguiente texto.**

   En España, existe en el Reglamento del Dominio Público Hidráulico, un artículo que regula los vertidos. Para poder verter estos residuos líquidos al **dominio público** es necesario previamente **reducir** la carga contaminante. Para ello se utilizan sistemas de depuración, como las Estaciones Depuradoras de Aguas Residuales Urbanas (EDAR) o sistemas más autónomos como las fosas sépticas o filtros biológicos, ambos sistemas vierten con una **concentración** por debajo de la que establecen las Administraciones competentes en materia de aguas.

Solucionario Bloque 3 Capítulo 4

1. **Dentro de los principios generales sobre los primeros auxilios está...**

   a. ... atender las opiniones de los demás que se acerquen al lugar.
   b. ... trasladar al accidentado, rápidamente sin ser atendido, hasta el puesto de socorro u hospital más próximo.
   c. ... dar de beber en caso de pérdida de conocimiento.
   d. **... avisar al médico más próximo, dándole los datos conocidos para que pueda indicar las medidas a adoptar hasta su llegada.**

2. **En el caso de hemorragias,...**

   a. **... aplicar una gran gasa esterilizada o paño muy limpio sobre la herida y comprimir durante cinco minutos.**
   b. ... aplicar antisépticos, colocando uno gasa limpia sujeta con esparadrapo o mediante un vendaje.
   c. ... lavar con agua y jabón.
   d. ... aplicar agua oxigenada.

3. **Señale si las siguientes afirmaciones son verdaderas o falsas.**

   a. Realizar solo el traslado de un herido a un centro sanitario no es prestar primeros auxilios.

      ☑ **Verdadera**
      ☐ Falsa

   b. El Real Decreto que regula la seguridad contra incendios en establecimientos industriales es el 2267/2004.

      ☑ **Verdadera**
      ☐ Falsa

4. Complete el siguiente texto.

Según se establece en la Ley de Prevención de Riesgos Laborales (art. 20, medidas de emergencia), el **empresario** debe tener en cuenta el tamaño y actividad de la empresa, analizar las posibles situaciones de **emergencia** y adoptar las medidas necesarias para evitar sus consecuencias, fundamentalmente en relación con los primeros auxilios, lucha contra incendios y **evacuación** de los trabajadores.

Solucionario 9
Mantenimiento, preparación y manejo de tractores

Solucionario Capítulo 1

1. ¿Cuál de las siguientes respuestas se corresponde con la definición de tractor agrícola?

   a. **Concebido para arrastrar, empujar, transportar y accionar determinados equipos intercambiables destinados a usos agrícolas o forestales, o arrastrar remolques agrícolas o forestales.**
   b. Vehículo que se encarga tan solo de tareas forestales.
   c. Vehículo que se encarga del transporte del agricultor, arar y sembrar.

2. ¿Cuál es la pieza del motor que convierte en giro la fuerza propulsora del pistón?

   a. **El cigüeñal.**
   b. La biela.
   c. El cilindro.

3. ¿En qué tiempo se encuentra el siguiente cilindro?

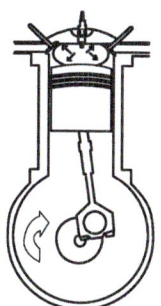

   a. Cuarto tiempo: escape.
   b. Segundo tiempo: compresión.
   c. Primer tiempo: admisión.
   d. **Tercer tiempo: explosión-expansión.**

4. ¿Qué ocurre si no se encuentra engranado ningún piñón del eje secundario con ninguno del eje intermediario?

    a. No hay transmisión de movimiento.
    b. Se encuentra en marcha atrás.
    c. Macha 1ª.
    d. Las velocidades 1ª y 2ª.

5. ¿Qué pasaría si las ruedas motrices se unieran rígidamente al mismo eje cuando el tractor tomara una curva?

    a. La rueda directriz exterior daría más vueltas.
    b. La rueda motriz interior daría más vueltas.
    c. La rueda interior sería arrastrada y patinaría sobre el terreno.

6. ¿Cuál es la anchura del neumático y la altura si en una cubierta se indica 185/70 R 12?

    a. La anchura es 185 mm y la altura 129,5 mm.
    b. La altura es 185 mm y la anchura 314,5 mm.
    c. La anchura es 185 mm y la altura el 60 % de la anchura.

7. Para un índice de carga de 64, ¿cuál sería la carga máxima que podría soportar la cubierta?

    a. La carga máxima es 280 kg.
    b. La carga máxima es 750 kg.
    c. La carga máxima es 350 kg.

8. ¿Qué banda de rodaje se debería utilizar en un campo de golf?

    a. Garra superficial (R-3).
    b. Garra profunda (R-2).
    c. Garra intermedia (R-4).

9. ¿Cuál será la potencia que usará el agricultor en su trabajo diario si utiliza la toma de fuerza como elemento motriz de una máquina acoplada a ella?

      a. Potencia útil.
      b. Potencia neta.
      c. Potencia bruta.

10. La toma de fuerza adquiere el movimiento del tractor, y lo recibe...

      a. ... solo si el tractor está en marcha.
      b. ... de tres maneras: dependiente, semidependiente e independiente.
      c. ... solo si el tractor está sin movimiento.

Solucionario Capítulo 2

1. **¿Cada cuánto tiempo se debe realizar un cambio de aceite?**

   a. Cuando se pierda aceite.
   b. Períodos entre 100 y 250 h o según marque el fabricante del motor.
   c. Cada 500 h.
   d. Una vez cada dos años.

2. **Para mantener el nivel de agua de las baterías, se utiliza...**

   a. ... agua clorada.
   b. ... agua de la canilla.
   c. ... agua oxigenada.
   d. ... agua de lluvia o destilada.

3. **El nivel de aceite del motor se comprobará...**

   a. ... semanalmente.
   b. ... anualmente.
   c. ... diariamente.
   d. ... semestralmente.

4. **¿Cada cuánto tiempo se debe cambiar el filtro de aceite de la transmisión?**

   a. Cada 50 horas.
   b. Cada 500 horas.
   c. Cada 2.000 horas.
   d. Cada 10 horas.

5. **¿Qué puede ocurrir si se perfora un manguito?**

   a. Pérdida de temperatura en el motor.
   b. Pérdida de agua y calentamiento del motor.
   c. Se producen humos negros por el escape.

6. **Si oímos un fuerte golpeteo del motor, ¿a qué puede ser debido?**

   a. A una avería en el sistema de alimentación, más concretamente en el depósito.
   b. A una avería en el motor, más concretamente en el pistón.
   c. A una avería en el sistema de alimentación, más concretamente en la bomba de alimentación.
   d. **A una avería en el motor, más concretamente en la biela.**

7. **La optimización de la eficacia técnico-económica de una explotación empieza por...**

   a. ... no utilizar maquinaria que requiera combustible.
   b. **... la elección de la maquinaria.**
   c. ... trabajar con más mano de obra y menos maquinaria.
   d. ... ahorrar en las revisiones obligatorias.

8. **En la clasificación API de los aceites, las letras GL...**

   a. ... pertenecen a la clasificación SAE.
   b. ... indican el grado de lubricación.
   c. ... indican el tipo característico de ejes que operan bajo condiciones de carga.
   d. **... son para aceites de transmisión y diferenciales.**

9. **¿Qué medios de protección necesita un operario para soldar con la soldadura eléctrica de arco?**

   a. Guantes de seguridad.
   b. Máscara o casco.
   c. Protección corporal.
   d. **Todas las opciones son correctas.**

10. **En la soldadura eléctrica de arco, la longitud de arco...**

    a. **... es la distancia entre la punta del electrodo y la pieza de metal a soldar.**
    b. ... ayuda a definir correctamente el amperaje a utilizar.
    c. ... quedará definida según el tipo de costura a realizar, por las características del electrodo y por el tipo de material a soldar.
    d. Las opciones b y c son correctas.

Solucionario Capítulo 3

1. **Según el Real Decreto 1215/1997, ¿en qué dos grandes apartados se pueden dividir los riesgos más comunes en maquinaria agraria?**

   a. **Accionamientos y protecciones.**
   b. Aplastamientos y proyecciones.
   c. Atrapamientos y caídas.
   d. Las opciones b y c son correctas.

2. **¿Cuáles pueden ser las consecuencias de cortes con objetos?**

   a. **La amputación de algún miembro.**
   b. La muerte.
   c. Consecuencias leves, como máximo un rasguño.
   d. Las opciones a y b son correctas.

3. **¿A qué se debe que el tractor sea poco estable?**

   a. Los tractores no son poco estables, el problema es cuando se llevan aperos.
   b. A la altura del centro de gravedad en determinados tractores, como los elevados.
   c. Los tractores no son poco estables, el problema es la poca formación de los operarios.
   d. **A la altura del centro de gravedad y a la anchura de la vía.**

4. **Para evitar enganches en el tractor que recomendarías:**

   a. **Proteger las partes móviles del tractor, de tal modo que sean inaccesibles.**
   b. Estacionar el apero o equipo sobre una superficie sobre una pendiente para poder acceder mejor al enganche.
   c. Usar ropa holgada.
   d. Tratar de enganchar el apero en marcha para que se ajuste mejor.

5. **¿Cuál es la primera causa de muerte en el sector agrario?**

    a. Inhalación de productos tóxicos.
    b. Electrocución.
    c. Aplastamiento por vuelco del tractor.
    d. Caídas y resbalones.

6. **¿Qué hay que hacer para prevenir las proyecciones de líquidos o sólidos?**

    a. Usar protecciones y mantener el sistema hidráulico en perfectas condiciones.
    b. Llevar guantes y botas de seguridad.
    c. Evitar desbrozar en un terreno pedregoso.
    d. No se pueden evitar.

7. **Para evitar el vuelco del tractor...**

    a. ... se debe evitar la conducción cerca de desniveles.
    b. ... se debe nivelar la carga y evitar el uso de remolques.
    c. ... es importante el uso de protecciones, como el casco de seguridad.
    d. Las opciones a y c son correctas.

8. **¿Qué tipos de ROPS existen?**

    a. Arcos, bastidores y cabinas.
    b. Cuadros y cabinas.
    c. Existen muchos tipos, pudiendo elegir los más seguros.
    d. Estructuras aerodinámicas (que puede hacer uno mismo).

9. **De las siguientes afirmaciones, ¿cuál es correcta?**

    a. El eje trasero debe soportar un cuarto del peso total.
    b. El eje trasero debe soportar el 20 % del peso del tractor.
    c. El eje delantero debe soportar el 20 % del peso del tractor.
    d. El peso del tractor debe estar repartido a partes iguales entre el eje delantero y trasero.

10. De las siguientes afirmaciones, ¿cuál es correcta?

    a. Las protecciones auditivas son una medida de seguridad obligatoria siempre.

    b. Las botas con suela antideslizante son una medida de seguridad obligatoria siempre.

    c. El casco de seguridad es una medida de seguridad obligatoria siempre.

    d. Las opciones a y b son correctas.